A Nadia, pour essayer
de comprendre

Les Arabes,
les femmes,
la liberté

Cordialement

Sophie Bessis

Sophie Bessis

Les Arabes, les femmes, la liberté

Albin Michel

L'homme, c'est le monde de l'homme, l'État, la société. Cet État, cette société produisent la religion, une conscience du monde renversé, parce qu'ils sont un monde renversé [...]. La religion est le soupir de la créature accablée, le cœur d'un monde sans cœur, comme elle est l'esprit des temps privés d'esprit. Elle est l'opium du peuple.

Karl MARX

Prologue

Il était une fois, en Tunisie, il y a longtemps

1956 : l'indépendance a six mois à peine quand le pays se réveille, un matin d'été, un 13 août exactement, peuplé de femmes nouvelles. Une loi, une simple loi, leur dit ce jour-là qu'elles sont libres d'épouser qui elles veulent, qu'elles seront l'épouse unique d'un mari contraint à la monogamie, qu'elles peuvent divorcer comme elles veulent, qu'elles deviennent des êtres à part entière au regard de leurs semblables. L'homme qui a fait cette loi leur dit aussi que le voile est leur prison, qu'elles peuvent montrer leurs jambes et leur visage, qu'elles ne doivent plus avoir peur. Alors, beaucoup, beaucoup d'entre elles, bourgeoises ou domestiques, riches et plus modestes, se hasardent à sortir

« nues », comme on appelait jadis les femmes dévoilées dans la rue. Je me souviens de Souad, notre jeune femme de ménage, belle comme une statue, demandant à ma mère de l'aider à choisir un imperméable « réversible » qui remplacerait son *safseri*[1]. Il y avait Lili aussi, de bonne généalogie, qui eut trente ans cette année-là. Elle marcha avec peine et perdit l'équilibre la première fois qu'elle sortit dans la rue sans son voile. Mais on s'habitue facilement au bonheur de ne plus avoir à se cacher.

Viennent l'automne, puis l'année suivante. Les tribunaux débordent tout d'un coup de demandes de divorce. Combien de celles qui, à peine pubères, avaient senti une nuit un vieil étranger pénétrer dans leur lit, ou d'autres décidant qu'elles avaient trop trimé, se rendirent auprès du juge ? On ne sait pas vraiment, mais elles furent nombreuses. On m'a raconté l'histoire de l'une d'elles « montée » de sa province pour accompagner son époux à la foire de Tunis. Elle n'aimait pas les mêmes stands que lui et décida de continuer seule sa visite. La retrouvant, le mari, fâché de cette soudaine indépendance, la menaça de représailles. « Un mot de plus, et je vais chez

---

1. Voile traditionnel des citadines tunisiennes.

Bourguiba », répondit l'épouse désormais sûre de son droit.

Ainsi, les femmes de ce pays découvrirent qu'elles pouvaient être libres. Depuis, elles ont aussi appris les limites de cette liberté.

Il était une fois, en Égypte,
il y a plus longtemps encore

Années 50. Les studios du Caire débordent d'activité. On y tourne des films qui font le tour du monde arabe. Les stars y tiennent des fume-cigarettes aussi longs que leurs longs doigts. Leurs robes décolletées laissent voir la naissance de leurs seins. Les hommes sont beaux comme elles. Ils s'embrassent, leurs lèvres s'entremêlent. Ils chantent l'amour. Dieu n'est pas là. Il est loin des écrans, ne leur dicte pas sa loi.

Dehors, dans la rue, d'autres femmes marchent, la tête haute, ne portant ni foulard ni voile. Quand elles peuvent, elles proclament et écrivent que le siècle où elles sont nées sera celui de leur liberté, et que les vieux turbans n'y pourront plus rien faire.

Il était une fois, chez les Arabes, encore plus loin dans le temps

Fin du XIXᵉ siècle et début du XXᵉ. En Égypte et ailleurs, des hommes cherchent à sortir les Arabes de leur trop longue somnolence. Comment changer leur monde pour lui faire épouser le siècle qui s'annonce ? Comment quitter l'inusable carcan d'une tradition figée par le discours religieux, qui les étouffe tous, hommes et femmes en même temps, même si les premiers ont le pouvoir pour eux ? Comment se débarrasser d'un Dieu qu'on a privé d'esprit pour le transformer au fil des siècles en un méticuleux greffier de minables interdits ? Comment construire l'avenir si l'on garde les femmes en prison ?

De l'Égyptien Kacem Amin au Tunisien Tahar Haddad, bien des penseurs arabes tiennent en ce temps-là les propos les plus osés contre ce qu'on a fait de leur islam. Leurs écrits sont violents comme des cris d'alarme. Tous sont alors convaincus que le progrès tant souhaité de leurs sociétés passe par celui des femmes. Celles de cette époque prennent part à ce bouillonnement. Nombre d'entre elles aspirent à changer de statut, réclament l'abolition de la polygamie

12

et des privilèges masculins, veulent travailler hors du foyer et cesser de dépendre, pour tout acte de la vie, du père, du frère ou du mari.

Retour vers le présent

Mais les temps ont changé. Un siècle plus tard, le vent est à la défense de la religion ou des codes qui en tiennent lieu. Quelques zélotes en mal de reconnaissance qualifieraient peut-être aujourd'hui les écrits d'antan d'islamophobes, et le premier exégète venu les frapperait d'une *fatwa* assassine. Les penseurs iconoclastes continuent heureusement d'exister partout dans le monde arabe. Mais ils encourent tous les dangers dès lors qu'ils s'écartent du dogme. Leurs prédécesseurs de l'autre siècle avaient certes subi les foudres des gardiens du temple. Ceux d'aujourd'hui doivent trop souvent choisir entre la mort et l'exil[1], abandonnant leurs sociétés à l'unique magistère des censeurs de liberté.

---

1. De Khartoum à Alger en passant par Le Caire, nombre d'intellectuels ont été assassinés depuis le début des années 90 au nom de la version la plus obscurantiste de l'islam. Quant à ceux qui se sont exilés, ils sont des milliers à enseigner dans les universités d'Europe et d'Amérique.

Les Arabes, les femmes, la liberté

Le *hijab*, ce voile « moderne » que beaucoup de femmes portent par choix et non sous la contrainte, a gagné comme une vague les rues et les universités des métropoles arabes. De plus en plus nombreux, les nouveaux gardiens du temple clament qu'on a trahi la norme en accordant aux femmes quelques libertés. Et la norme revient. Certes, elle n'est plus la même. Les citadines modernes de Tunis ou de Rabat se marient tard, une fois leurs études terminées, et n'ont pas plus de deux ou trois enfants. Elles travaillent à l'extérieur car leur ménage a besoin de deux salaires. C'est beaucoup, dira-t-on. Oui mais. Mais la plupart acceptent sans plus combattre la suprématie de l'homme et répugnent à choquer sa « fierté ». Elles consultent en direct les prédicateurs télégéniques que leur envoient les chaînes orientales, et se conforment de bon gré aux diktats de ces télé-évangélistes d'Allah qui reformulent au goût du jour les dogmes ayant servi depuis toujours à justifier leur sujétion.

Au Koweït, le film *Titanic* dure une heure de moins que sur les écrans d'Europe et d'Amérique. Les spectateurs avouent qu'ils n'en ont pas très bien compris l'intrigue. Car il n'y a plus un seul baiser dans la version qu'on leur a concoctée. Pas une épaule dénudée, pas l'ombre d'un sein naissant sous le décolleté. Entre deux coups de ciseau, ils n'ont pas pu reconstituer l'aventure des héros. Toujours métropole du cinéma arabe, l'Égypte exporte partout ses feuilletons islamiquement corrects, femmes fidèlement gardiennes du foyer, respect des règles et voile garantis. Ce dernier règne désormais en maître dans les rues de toutes les villes de « la mère du monde », comme les Égyptiens aiment toujours appeler leur pays.

Il n'y a pas si longtemps, un jeune Tunisien n'ayant jamais quitté sa ville natale, une bourgade perdue à l'intérieur des terres, se rendit en vacances chez un oncle résidant sur la côte, en pleine zone touristique. En allant sur les plages, il découvrit la multitude des corps presque nus des femmes. Elles ne se cachaient pas, offrant – bien au contraire – leurs chairs luisantes d'huile aux rayons du soleil. Le soir, à peine plus vêtues, elles arpentaient le front de mer en caressant les hanches de jeunes hommes de son âge. Il ne dit rien de toute la semaine. De retour chez lui, il ne parla pas non plus. Son mutisme prolongé inquiéta ses parents qui le conduisirent chez le médecin. « Aphasie momentanée due à une émotion violente », diagnostiqua ce dernier. Malade, l'adolescent était malade d'avoir vu.

En 2000, malgré la pression d'un exécutif soucieux de moderniser son image, les parlementaires jordaniens ont refusé de pénaliser les « crimes d'honneur » qui rendent l'homme libre de laver ce bien précieux dans le sang des pécheresses supposées de sa famille. Car l'honneur d'un homme continue de se loger entre les cuisses des femmes de son clan.

En 2005, la version arabe de l'émission *Star Academy* disparaît de la télévision publique algérienne, au prétexte de violer « la Constitution, qui interdit à tout établissement de l'État de véhiculer des programmes contraires à l'éthique et à la morale islamiques », selon les propos d'un dirigeant du parti islamiste officiel.

Veut-on d'autres exemples ? Leur liste serait vite fastidieuse tant ils se multiplient. Après une trop brève éclipse, voilà Dieu revenu pour habiller les femmes. Car leur corps est le diable, on l'avait oublié.

Quelques histoires, quelques images, pour demander pourquoi. Pourquoi, dans cette partie du monde, semble-t-il si difficile d'aborder le futur autrement que par le biais du recours au passé ? Pourquoi, une fois de plus et malgré les changements, les femmes sont-elles de nouveau contraintes de porter sur leurs épaules le signe identitaire et de guérir ainsi les blessures d'un temps que les hommes refusent ?

Où est passé l'héritage réformiste ? Dans quels obscurs replis de l'histoire s'est-il perdu pour que les jeunes qui peuplent les écoles et les facultés n'en aient aucune connaissance ? Comment expliquer que le monde arabe ait oublié ses penseurs libéraux pour céder, à peine quelques décennies plus tard, aux sirènes des populismes nationalistes puis islamistes ? Pourquoi, en somme, chaque nouvelle génération de penseurs modernistes est-elle mise en présence d'une page blanche quand elle veut réfléchir à l'avenir des Arabes ?

Le mieux aurait-il donc précédé le pire ? Ce n'est pas si simple. Était-ce mieux, est-ce pire ? La chronologie de nos brefs récits veut pour l'instant rappeler ce que l'on sait maintenant mais qu'on oublie encore, qu'il n'y a pas de sens de l'histoire. On ne peut donc plus penser l'évolution en termes d'opposition entre la tradition et la modernité, la seconde étant supposée remplacer peu à peu la première. Tradition et modernité, ce couple d'opposés a fait fortune au point de résumer, l'une l'essence même de la pensée et de l'action en mouvement vers le progrès, l'autre l'immobilisme censé être la norme des cultures situées hors de l'orbite de ce mouvement. La seconde a essentialisé la première pour en faire un invariant doué d'éternité, afin de se poser comme son inverse irréductible puisqu'elle postule le changement permanent. Or l'histoire récente nous apprend que la tradition ne cesse de se réinventer à travers d'insolites appropriations de la modernité qui, elle aussi, s'imprègne des recompositions d'un passé qu'elle méprise. Et ce qu'on croit souvent sculpté dans le marbre de l'ancien est une tradition « récente », cet oxymore résumant une partie des contradictions que connaît aujourd'hui le monde arabe.

Tout cela fabrique un monde moderne, non pas gagné à la modernité, mais situé dans la contemporanéité, ayant intégré les codes et les outils de cette dernière et revendiquant officiellement, à quelques rares exceptions près, son inscription dans l'actuel. Les monarchies du Golfe, y compris la très obscurantiste monarchie saoudienne, se prévalent d'une telle insertion. Les pays du Maghreb central estiment y être entrés depuis longtemps de plain-pied. Là encore, même l'actuel souverain chérifien – tout commandeur des croyants qu'il continue d'être – veut

18

être un roi moderne, et pas seulement dans l'apparence.

Ce « moderne », appelons ainsi les mutations que connaît la région pour éviter le terme – porteur d'un autre sens – de modernité, existe aussi banalement qu'ailleurs. Toutes les constructions, tous les bricolages, même les plus hasardeux, sont devenus possibles à partir du moment où ce qu'on nomme tradition et ce qui se dit moderne coexistent dans le temps, dans les esprits et les pratiques. La condition des femmes ne peut donc servir à mesurer la marche du premier. Alors de quoi sont-elles aujourd'hui la mesure ?

Des tâtonnements ou des échecs de la modernité ? Les continents du Sud n'en ont en effet connu que des versions tronquées, des caricatures, ses vides en somme – comme on parlerait de l'antimatière – qui ont permis des régressions dont on n'a pas fini de mesurer l'ampleur.

Les femmes, dans ce monde, paraissent en fait errer entre les différentes versions d'un modernisme sans modernité, qui n'a su ni voulu les soustraire totalement aux anciennes oppressions, et la redécouverte d'identités construites sur l'obsession de leur contrôle. C'est ce qui explique peut-être les étrangetés de leur condition : progrès, stagnation, régression, émancipation, libération, sujétion ? Lesquels de ces termes conviennent-ils pour décrire non seulement leur réalité mais celle de l'ensemble du monde auquel elles appartiennent ? Le sort des femmes, ce qu'on fait d'elles et ce qu'elles font d'elles-mêmes, mesurerait-il alors l'intensité du maelström arabe et les parcours heurtés de ses ondes de choc ?

Ces seuls enjeux autour du féminin suffisent à justifier les interrogations sur la place et le devenir des femmes dans le monde arabe. Il faut suivre leur trace pour comprendre, à travers et par elles, les trajectoires de sociétés qui veulent aller quelque part sans savoir où elles vont.

Les héritages

La tentation de la modernité

De l'Égypte à la Syrie [1] et à la Tunisie, les élites arabes entrent dès les années 1850, avant même la période coloniale, dans un ardent débat sur la modernité. Seuls échappent à ce mouvement la Péninsule Arabique – confinée dans son isolement désertique –, l'Algérie – coupée de ses liens orientaux par une colonisation précoce –, le Maroc dont la vieille monarchie puise sa légitimité dans des structures féodales et rurales et, plus généralement, les pays les moins urbanisés de la région. Au Caire, à Beyrouth, à Alep, à Tunis, les bourgeoisies modernistes observent, fascinées, cette Europe qui leur fait face, pétrie

---

1. La Syrie pré-mandataire, soit le Liban, la Palestine et la Syrie actuels.

par l'universel des Lumières qui l'a faite à la fois puissante et libérale. Elles regardent aussi vers Istanbul, capitale d'un Empire ottoman dont elles sont proches et dont les réformes entamées à partir des années 1830 sont en train de changer le destin.

À la même époque, l'Égypte offre le premier exemple de tentative de création d'un État arabe moderne, sous l'égide du souverain Mohammed Ali. Pendant le siècle qui suit, elle reste un centre de la pensée libérale, dont les représentants affirment leur admiration pour les Lumières européennes. Tous voient dans la condition féminine une des causes du retard pris par leurs sociétés. Certes, un puissant courant salafiste leur fait face, qui préconise un retour aux sources de l'islam pour se protéger des appétits occidentaux. Les libéraux n'en exercent pas moins une influence déterminante sur le monde intellectuel égyptien du premier tiers du XXe siècle.

En Tunisie, l'instauration d'une quasi-monarchie constitutionnelle en 1857, les réformes introduites par le Premier ministre Khereddinne dès avant la colonisation, la multiplication d'ouvrages qui prônent l'urgente nécessité de moderniser la société, illustrent la vivacité de

24

cette tension vers le nouveau que des élites éclairées sont pressées de mettre en œuvre. Là
encore, dès le début du XXe siècle, nombre d'auteurs se prononcent pour une évolution rapide
de la condition féminine. Si, plus tard, Bourguiba maniera plus d'une fois l'arme du nationalisme populiste, il est avant tout l'héritier de
cette histoire dont il s'est constamment réclamé
et qu'il fera fructifier avec les réformes entreprises dès l'aube de l'indépendance.

Là où existe un courant réformiste, c'est des
principes issus de la pensée des Lumières que ses
tenants se réclament. Le désenclavement de leur
monde leur paraît une question de survie. Ils
puisent leurs modèles politiques dans les institutions démocratiques occidentales et introdui-
sent dans la pensée arabe la notion nouvelle de
liberté individuelle. Celle-ci doit remplacer,
pour ces penseurs, le carcan du communauta-
risme qui fait partie des archaïsmes contre lesquels ils veulent lutter. Ils restent beaucoup plus
prudents sur le chapitre des mœurs, mais n'en
placent pas moins la question du « progrès » de
la condition féminine au cœur de leurs interrogations sur la modernité.

C'est ainsi que, dès la fin du XIXe siècle, un

Les Arabes, les femmes, la liberté

Kacem Amin[1] peut s'insurger contre l'imposition du voile en s'écriant : « C'est quand même étonnant ! Pourquoi ne demande-t-on pas aux hommes de porter le voile ou de dérober leur visage au regard des femmes s'ils craignent tant de les séduire ? La volonté masculine serait-elle inférieure à celle de la femme ? » Peut-être plus téméraire encore : « Devons-nous vivre ou nous condamner à mourir et à disparaître ? [...] Nous devons comprendre comment les gens ont progressé et comment nous avons régressé, comment ils sont devenus forts et nous faibles, comment ils sont heureux et nous malheureux. »

En 1913, un Mansour Fahmi condamne radicalement[2] le sort réservé par l'islam au sexe féminin. « Les éléments sociaux, dit-il, qui ont eu pour effet la décadence croissante de la femme sont en voie de décomposition. L'institution théocratique, qui domine et ombrage

---

1. K. Amin, égyptien, 1863-1908. Ses deux ouvrages sur la question des femmes sont : *Tahrir el mar'a* (L'Émancipation de la femme), 1897 ; *El mar'a el jadida* (La Nouvelle Femme), 1900.

2. M. Fahmy, égyptien, 1886-1959. Son principal ouvrage : *La Condition de la femme dans l'islam* (avant-propos de M. Harbi), éditions Allia, Paris, 2002 (réédition).

26

tout, est à son déclin. L'évolution inéluctable prépare l'émancipation des opprimés, et bientôt la figure anémiée de la femme musulmane reprendra un aspect de santé et de vie... » Il est certes puni de sa témérité en étant renvoyé de l'université. Il n'en représente pas moins un courant important de la pensée de cette période.

Et en 1930, le Tunisien Tahar Haddad, pourtant sorti de l'université théologique de la Zitouna, publie un ouvrage révolutionnaire, *Notre femme dans la loi et dans la société*[1], dans lequel il prône un changement radical du statut des femmes, et compare le port du voile « à la muselière qu'on met aux chiens pour les empêcher de mordre ». Lui aussi est sanctionné par les Oulémas. Son ouvrage ne s'inscrit pas moins dans ce moment « féministe » que traversent le Machrek aussi bien que le Maghreb.

Aucun d'entre eux ne renie pour autant son appartenance au vaste monde arabo-musulman, et ils se gardent bien de critiquer l'islam de front. Ils se réclament plutôt de sa tradition libérale et veulent l'inscrire dans leur époque.

———

1. T. Haddad, 1898-1935. Traduction française sous le titre *Notre femme, la législation islamique et la société*, Maison tunisienne de l'édition, 1978.

Moderniser l'islam pour le faire entrer dans le XXᵉ siècle, voilà pour eux la priorité. Ils se démarquent en cela des courants issus du mouvement de la Nahdha – la Renaissance arabe – qui poursuivent, eux, l'objectif inverse d'« islamiser la modernité ». Farouchement désireux de s'intégrer dans la marche du temps, les libéraux arabes ne se préoccupent guère, à cette époque, de la question de l'identité. Ils critiquent plus volontiers qu'ils ne les défendent les particularismes de leurs sociétés. La seconde génération de ces intellectuels, celle du début du XXᵉ siècle, s'insurge certes contre le fait colonial. Elle n'en appartient pas moins par son mode de pensée au courant moderniste précolonial pour qui l'Occident ne peut être réduit à un simple oppresseur.

Les femmes ne restent pas spectatrices passives de ce bouillonnement. Nombre d'entre elles, essentiellement issues des bourgeoisies citadines, aspirent à changer de statut. Des figures connues popularisent ces revendications. En 1924, l'Union des femmes égyptiennes publie une brochure réclamant l'abolition de la polygamie et le remplacement du privilège masculin de répudiation par une véritable procédure de divorce. La même année, la Tunisienne Manoubia Ouertani s'élève publiquement contre le port du voile. En 1926, c'est au tour de l'Égyptienne Huda Shaârawi de le condamner officiellement. En 1930, le premier Congrès des femmes d'Orient se tient à Damas pour réclamer l'égalité des sexes en prônant une série de réformes. Le début de modernisation des sociétés arabes, et surtout de la scolarisation des filles de la bourgeoisie, a permis l'émergence d'un véritable courant féministe, qui s'affirme progressivement dans les premières décennies du XXᵉ siècle.

Très présent dans le débat jusqu'aux années 30, ce courant libéral s'estompe sous les coups de boutoir des mouvements nationalistes auxquels se rallient vite les populations. Car, en se prolongeant, au Maghreb surtout, la colonisation aggrave son oppression. Les partis nationalistes, qui se veulent populaires et non plus élitistes, propulsent les masses sur le devant de la scène, ces masses rurales spoliées de leurs terres, chassées des campagnes par la misère qui s'y étend, désespérées par l'exploitation coloniale. La religion représente pour elles le début et la fin, car elle est investie d'une pluralité de sens. Elle légitime, en premier lieu, l'ensemble des structures qui forment le socle de sociétés profondément

conservatrices : patriarcat, modes de produc-
tion, hiérarchies sociales et sexuelles, soumission
absolue de l'individu au groupe. Encore vivace
en ce temps-là, la tradition est appelée Coran
pour profiter de l'onction divine. Et quand le
Livre contredit la coutume, c'est la coutume qui
gagne, appelée religion. C'est tout un mode de
vie et les valeurs qui le fondent que la secousse
coloniale est en train de détruire. Or les ruraux
de l'Atlas, des Aurès ou des steppes tunisiennes
appellent ce mode de vie « islam ». C'est donc
en l'invoquant qu'ils affrontent l'occupant.
Ainsi se confondent, et pour longtemps, islam
et identité. Ainsi la religion rurale, celle des pays
profonds, gagne sur celle des villes, qui com-
mençait sa mue sous l'influence de son ouverture au monde. Après les indépendances, les
générations suivantes répètent cette victoire
grâce à la pression démographique alimentant,
des décennies durant, l'exode rural. Ces flux
migratoires successifs expliquent en partie l'im-
possibilité de l'émergence d'une modernité
urbaine, régulièrement submergée par les vagues
rurales.

Les dirigeants nationalistes se réclament pourtant eux aussi de principes désormais considérés
comme universels pour appuyer leurs revendica-

tions. C'est au nom de la dignité de la personne humaine et d'une liberté érigée par l'Occident en valeur absolue qu'ils déclarent lutter pour l'indépendance de leurs pays, en rappelant aux maîtres qu'il serait temps pour eux d'appliquer à leurs empires leurs principes humanistes. Mais le combat libérateur se mène aussi, surtout peut-être, au nom de la défense de l'identité.

Cela n'empêche pas les nouvelles élites qui prennent la tête des États arabes libérés de la colonisation dans les années 50 d'avoir pour objectif leur modernisation. Libéralisme ou socialisme, c'est toujours en Occident qu'elles vont chercher l'inspiration. Dès la souveraineté recouvrée, une grande partie d'entre elles sont en effet séduites par le modèle socialiste, ce grand messianisme laïc, dont l'Union soviétique se fait, partout dans le tiers monde d'alors, l'infatigable commis voyageur. Piliers du discours socialiste, l'internationalisme et la solidarité entre opprimés du monde entier font en quelque sorte figure d'universel de rechange face au dévoiement du discours libéral en apologie des entreprises coloniales.

Mais le ver est dans le fruit. La liberté, certes, mais pour qui et pour quoi faire ? Libertés individuelles, ou seulement libération collective ne

remettant pas en cause l'hégémonie du groupe ?
La modernisation, bien sûr, mais avec quels
emprunts à la modernité ? Le socialisme pour
certains, oui, mais mâtiné de spécifique, national
ou musulman. Dès avant les indépendances,
l'universel se voit contesté par le particulier, et
déjà se font jour d'improbables tentatives de
concilier les extrêmes. On en a un exemple dans
la proclamation du 1er novembre 1954, qui
déclenche la guerre d'Algérie, et qui lui donne
pour but « la restauration de l'État algérien souverain, démocratique et social dans le cadre des
principes islamiques ». Déjà, aussi, les femmes
sont un enjeu de la bataille que se livrent domi-
nants et dominés, dont les nouveaux représentants ont rompu sur ce chapitre avec le legs du
courant libéral.

Les femmes comme arme

« Du fait du régime qui lui est imposé, la
Tunisie court à la déchéance de sa personnalité
[…] Pour parer à ce danger, les Tunisiens doivent veiller à sauvegarder leurs coutumes qui
demeurent les signes distinctifs et, par consé-
quent, les dernières défenses d'une identité
nationale en péril. » En 1929, c'est en ces termes

que Bourguiba – appelé, quelques décennies plus tard, le « libérateur de la femme tunisienne » – critique les propos de la féministe Habiba Menchari s'élevant contre l'obligation qui est faite aux femmes de porter le voile.

En 1959, en pleine guerre d'Algérie, la France coloniale décide de réformer la législation familiale dans un sens libéral, et promulgue pour ce faire une ordonnance interdisant la répudiation et rendant le divorce judiciaire obligatoire. La réponse de l'organe du FLN, *El Moujahid*, à cette initiative est d'une rare violence : « Ainsi des Français, au surplus chrétiens ou de confession israélite comme l'est, paraît-il, M. Michel Debré, ont osé de propos délibéré porter atteinte au Coran, de par son essence immuable, et imposer par le sabre aux musulmans d'Algérie les lois laïques de France et ce dans la matière la plus sacrée, à savoir le statut personnel[1]. »

À quelques décennies d'intervalle, le très moderniste Bourguiba et le très populiste FLN font ainsi du maintien de la sujétion des femmes le gage le plus sûr de la sauvegarde d'identités fragilisées par la présence coloniale. Mieux, ils font des règles définissant cette sujétion et des

---

1. *El Moujahid*, n° 45, 6 juillet 1959.

symboles par lesquels elle se manifeste les dernières frontières de cette identité, les seules
peut-être que le colonisateur se voit interdire de
franchir.

Pendant toute la période coloniale, les femmes, leur statut, leur image, ont été systématiquement utilisés par les occupants et par les
occupés à l'appui de leurs thèses respectives. Les
premiers ont eu beau jeu de voir dans l'injustice
de leur condition une preuve irréfutable du
conservatisme jugé inhérent à l'islam, de l'infériorité des Arabes et de leur rejet du progrès.
Forts de la supériorité du modèle qu'ils tentaient
d'exporter, ils oubliaient un peu vite que nulle
part, chez eux, les femmes n'avaient acquis un
statut d'égalité. Peu importait : en s'apitoyant
sur le sort fait à celles de leur empire, les occupants ajoutaient un argument à leur tentative
toujours en chantier de légitimation humanitaire
de la colonisation. En réalité, de la Palestine bri-
tannique au Maroc français, les administrateurs
coloniaux se sont bien gardés de moderniser les
mœurs indigènes, comme on disait alors. Souvent alliés aux potentats locaux grâce à l'aide
desquels ils pouvaient contrôler les populations,
ils n'ont réformé nulle part le droit de la famille,
ayant en général pour seul souci de faire main

basse sur les ressources de leurs possessions et de s'y assurer le monopole de l'exercice du pouvoir. Les chefs claniques et communautaires et les autorités religieuses ont pu ainsi continuer partout à veiller jalousement à ce que personne n'enfreigne les règles garantissant l'immobilisme de leurs sociétés.

Parmi ces règles, le statut des femmes. Parmi les armes de la bataille, leur corps disputé. À qui appartient-il puisqu'il est évident qu'il ne leur appartient pas ?

Le colonisateur dénonce verbalement leur claustration. Il stigmatise le voile qui, en couvrant leur corps, rappelle que seul leur clan en est propriétaire. Il lui faut donc tenter de se l'approprier. Jeunes filles à peine pubères dont la chemise entrouverte laisse voir la naissance d'un sein, Mauresques d'âge plus mûr offrant au photographe leur poitrine dénudée, danseuses du ventre lascives évoluant au milieu des tentures, des milliers de cartes postales diffusent jusqu'aux années 40 ces figures fantasmées de corps féminins. L'homme colonial veut croire qu'il sort ainsi les femmes du harem pour, les livrant au regard public, les destiner à son propre usage. Un rapt en quelque sorte, qui a d'abord pour but de priver l'homme arabe de l'ultime espace au sein duquel il peut exercer un pouvoir. Toute une littérature a commenté plus tard cette frénésie d'images, exotisme de bazar succédant à la peinture orientaliste dont les femmes, déjà, étaient avec la guerre le sujet principal. Mais la parole féminine demeure le plus souvent absente de cette littérature post-coloniale. Les vieux comptes se règlent entre hommes. « Je tente ici – écrit l'Algérien Malek Alloula – avec bien des années de retard sur l'Histoire, de renvoyer à l'expéditeur cette immense carte [1]. » Par ce renvoi, lui et les siens se réapproprient « leurs » femmes, voulant ainsi mettre fin à un aspect central de la concurrence des symboles qui a jalonné l'épisode colonial.

Ces controverses, vieilles de près d'un siècle, ne sont pas sans trouver un écho dans celles d'aujourd'hui. Les termes, certes, n'en sont pas les mêmes, ni le contexte. Les arguments se

---

1. Malek Alloula : *Le Harem colonial*, Éditions Slatkine, Genève-Paris, 1981. On lira aussi L. Sebbar et J.-M. Belorgey : *Femmes d'Afrique du Nord, cartes postales 1885-1930*, éditions Bleu Autour, Paris, 2002. S. Stétié et J.-M. Belorgey : *Égyptiennes, cartes postales 1885-1930*, éditions Bleu Autour, Paris, 2003.

ressemblent en revanche furieusement. Les femmes, sous d'autres formes, restent un enjeu central des projets de société qui se disputent la scène arabe, et du nouveau face-à-face entre un Orient toujours immobile aux yeux d'un Occident où elles auraient conquis leur liberté. Ce qui différencie les deux époques, c'est qu'elles sont, plus qu'avant, les actrices des luttes qui se livrent, et n'entendent plus en laisser le monopole aux hommes des deux bords. Et le voile encore, au centre de la bataille, est vu ici comme la preuve infâmante de l'antique arriération, là comme l'ultime ligne de défense d'une identité plus menacée que jamais, et dont le statut des femmes reste la meilleure mesure.

En France, la polémique autour de ce « linceul », comme l'avait appelé en son temps Bourguiba, a été, on le sait, portée jusqu'à l'incandescence, comme si quelque chose de l'époque coloniale avait omis d'être soldé. À mesure qu'une partie des populations musulmanes, travaillées par l'islam politique, ont brandi le voile comme étendard de l'affrontement identitaire, elle a gagné toute l'Europe. Même la très communautariste Grande-Bretagne, qui portait sur la passion française un regard étonné, a vu en

2006 la controverse franchir la Manche. On y reviendra. Suivons pour l'heure les méandres du chemin qui mène des batailles d'hier à celles d'aujourd'hui.

Le renversement du monde

Des révolutions pour les femmes...

Comme le pressentait l'aile moderniste du FLN algérien, comme l'avait compris le sultan marocain Mohammed V en présentant en 1947 aux notables du Makhzen[1] sa fille aînée dévoilée, comme le savait mieux que personne le Tunisien Bourguiba, la place des femmes dans la société, et les sociétés arabes elles-mêmes, ont évolué plus vite durant les cinquante dernières années qu'au cours des quelques siècles précédents. Et contrairement à la première moitié du XXᵉ siècle, ces changements n'ont plus seulement concerné les vieilles bourgeoisies urbaines, d'ailleurs plus ou moins laminées par des États aux

—————
1. L'ensemble de l'administration monarchique du royaume marocain.

41

prétentions hégémoniques et par la montée des nouvelles classes sociales post-coloniales. L'urbanisation qui déstructure le monde rural et affaiblit les solidarités tribales, la scolarisation, la généralisation de l'économie du salariat, l'extension de la contraception aux femmes des couches populaires dès les années 60 en Tunisie et à partir des années 80 en Algérie et au Maroc, leur entrée dans des sphères demeurées jusque-là strictement masculines, la relative mixité qui s'instaure dans l'espace public, sont les manifestations les plus remarquables du changement de la condition féminine. Seules résistent à ce tourbillon les monarchies du Golfe et quelques pays comme le Yémen encore que, là aussi, les digues édifiées pour contenir toute possibilité d'évolution ont partiellement cédé devant cette dernière.

En cinquante ans, les filles ont investi l'école. Partout, sauf dans les zones rurales reculées comme au Yémen ou au Maroc, les pouvoirs en place leur ont ouvert les portes de l'instruction. En Tunisie, où le taux de scolarisation des filles est pratiquement de cent pour cent, mais aussi en Algérie, en Irak, en Égypte, leur pourcentage a progressivement augmenté à tous les niveaux de la scolarité. Dans le primaire d'abord, puis le secondaire, enfin à l'université où elles représentent aujourd'hui, en Tunisie entre autres, plus de la moitié des effectifs de l'enseignement supérieur, et la majorité des diplômés.

Cette scolarisation, plus ou moins massive selon les pays, leur a permis de franchir la porte de leurs maisons, verrouillée jusque-là pour la majorité d'entre elles. Pour aller à l'école d'abord puis, munies de leurs diplômes, pour travailler dehors. Les femmes, contrairement à ce que disent des statistiques qui les ont longtemps ignorées ou les stéréotypes véhiculés par l'opinion, ne sont pas entrées ces dernières décennies dans le monde du travail. Vouées aux tâches maternelles et domestiques, constituant la main-d'œuvre corvéable à merci de l'économie familiale traditionnelle par leurs activités agricoles et artisanales, elles le connaissent depuis toujours. Mais, désormais, elles sortent pour travailler. C'est là qu'est la révolution. Enseignantes, infirmières, médecins, employées des fonctions publiques, ouvrières, elles ont investi les espaces professionnels et l'univers nouveau du salariat, au point de représenter dans de nombreux pays la majorité des effectifs de l'enseignement et des professions de santé. Certes, elles demeurent absentes des niveaux de décision et grimpent rarement dans les hiérarchies. Certes, les métiers de l'éducation et de la santé prolongent hors du foyer les fonctions qui sont depuis toujours les leurs au sein de la sphère domestique. Et la féminisation de ces professions en a réduit le prestige auprès d'opinions masculines soucieuses de s'écarter des métiers « féminins ». Mais elles sont devenues indispensables à la bonne marche de secteurs vitaux de l'activité de leurs pays. Dans les milieux populaires, ouvrières et domestiques sont parfois les seules à rapporter au foyer un salaire régulier dans les pays où le chômage frappe massivement les hommes.

Beaucoup d'entre elles font des études, et pas seulement dans les milieux privilégiés, car les parents des nouvelles classes moyennes aspirent à la promotion sociale de leurs enfants. Elles ne se marient plus à peine sorties de l'adolescence, et attendent parfois jusqu'à la trentaine pour convoler. Elles ne considèrent plus la maternité comme leur seul horizon. Le Maghreb est ici, comme souvent, en avance sur le Machrek où, de la Palestine à la Péninsule Arabique, les femmes ont encore une des fécondités les plus fortes du monde et doivent toujours à leur famille d'être des mères de garçons. Mais, partout dans les villes, la vieille famille élargie, où cohabitaient trois générations sous la houlette d'un patriarche, s'efface devant la famille conjugale dont le couple a rarement plus de trois enfants.

En cinquante ans, les femmes se sont rendues visibles, même si la rue n'est pas devenue leur domaine et demeure un espace avant tout masculin. Elles y marchent plus vite que les hommes, pour ne pas sentir l'avidité de leurs regards et parce qu'on ne leur reconnaît pas le droit de s'y attarder. Se promener sans but précis, pour le simple plaisir ou par désœuvrement, demeure presque partout le privilège des hommes. On ne les voit pas non plus aux terrasses des cafés. La chose est encore inconcevable, sauf dans quelques établissements des quartiers chic, ou aux terrasses des hôtels internationaux où elles peuvent se fondre dans la mixité touristique. Pourtant, de plus en plus, elles s'aventurent dans les restaurants, pour y dîner entre collègues ou entre amies. Leurs hommes, bien sûr, sortent surtout entre eux, mais souvent désormais avec elles, là où la peur du féminin n'a pas maintenu ou restauré l'apartheid sexuel. Encore très peu présentes dans les sphères politiques, bien qu'elles y fassent çà et là de plus fréquentes apparitions, elles sont souvent majoritaires dans les bureaux, les collèges, les facultés, les hôpitaux et les usines. On ne peut plus ne pas les voir.

Voilà une preuve de plus, s'il fallait en donner, que les sociétés arabes sont entrées de plain-pied dans le moderne. Car leurs couches dirigeantes et la majorité de leurs élites ont voulu, et ont favorisé, ce bouleversement de la condition féminine qui est dans le monde entier la marque du XXe siècle. Hormis quelques segments maladivement hostiles à toute forme de changement, l'ensemble de leurs sociétés les a suivies, et parfois précédées, dans cette volonté. Rares ont été les pères opposés à la scolarisation de leurs filles, et nombreux ceux qui ont laissé éclater leur fierté au vu de leurs diplômes. Dans un domaine aussi crucial, les Arabes n'ont donc pas refusé d'entrer dans le temps du monde. Ils ne se sont pas retranchés du mouvement universel auquel on les a dits tant de fois rétifs. Plus peuplés du fait d'une croissance démographique accélérée, plus jeunes, plus urbains, leurs pays ont cessé de ressembler à ces sociétés figées auxquelles certains veulent encore les assimiler.

Ne vaut-il pas mieux, dans ce cas, parler d'une simple asymétrie temporelle entre les deux rives de la Méditerranée plutôt que de la singularité de

46

sa rive sud ? Au fond, partout en Occident, l'histoire contemporaine a été marquée par un décalage chronologique entre les progrès de la modernisation économique, sociale et politique et ceux de la place et du statut réservés aux femmes dans la société et dans le droit. L'égalité juridique des sexes y est récente, on le sait, et le processus commence à peine dans le champ politique.

C'est l'argument qu'avancent nombre d'observateurs locaux des évolutions des pays arabes, et une partie non négligeable de leurs classes politiques. Laissons « du temps au temps », disent ces défenseurs de la prudence, pour ne pas brusquer – au risque de les braquer – des sociétés déjà traumatisées par les bouleversements qu'elles connaissent. Il n'y aurait rien de grave, à les en croire, à aider sans hâte excessive les traditions à s'effacer devant une modernisation inéluctable, et qui a déjà commencé. Déjà, en 1929, le Tunisien Bourguiba résumait cette posture en s'opposant aux partisans de l'abolition immédiate du voile : « Nous sommes en présence d'une coutume entrée depuis des siècles dans nos mœurs, évoluant avec celles-ci à la même cadence, c'est-à-dire assez lentement... Avons-nous intérêt à hâter, sans ménager les transitions, la disparition de nos mœurs, de nos coutumes, bonnes ou mauvaises ?... Ma réponse... fut catégorique : non... Est-ce à dire que, pour maintenir notre individualité, il faille repousser tout progrès, faire figure d'êtres préhistoriques... ? Pas davantage. L'évolution doit se faire, sinon c'est la mort... Le jour où la femme tunisienne, en sortant sans son voile, n'éprouvera plus cette impression étrange qui est comme le cri de révolte de son atavisme inconscient, ce jour-là le voile disparaîtra de lui-même, sans danger, car ce dont il était le symbole aura disparu[1]. »

Ce propos est d'autant plus séduisant qu'il replace le débat dans l'histoire, au lieu de faire de l'altérité supposée des Arabes un absolu intemporel et de l'islam un objet a-historique, exclu de la temporalité des sociétés qu'il a contribué à modeler. Et l'on sait combien la tentation est grande aujourd'hui, dans cet Occident que l'on appelle aussi le nord du monde, d'assigner l'étranger à une identité aussi fantasmée que figée.

Pourtant, pour pertinent qu'il paraisse, l'argument n'est pas vraiment convaincant. Parce que – on l'a dit – la tradition a bon dos, et que ce qu'il en reste sert aujourd'hui toutes les

---

1. *L'Étendard tunisien*, 11 janvier 1929.

manipulations. Mais aussi parce que la question de la condition féminine est au centre de tous les débats qui agitent le monde arabe, et que les stratégies de contrôle de leur émancipation sont un révélateur des tensions qui le déchirent sur ce sujet brûlant. Or il partage ces contradictions non avec l'Occident, mais avec le reste du monde musulman. Enfin, parce que l'itinéraire de cette région vers la modernité n'est ni linéaire ni mimétique, même si l'Europe a présenté le récit de sa trajectoire historique singulière comme la voie droite universelle vers le progrès.

… À une liberté contrôlée

Alors, révolution pour les femmes ? Oui mais. Car – dès ses prémices – dirigeants et sociétés ont voulu fixer des limites à ce mouvement. Le consensus des hommes sur la nécessité de moderniser leur condition s'est accompagné de leur refus de toucher aux fondements de la suprématie masculine.

Un sondage d'opinion réalisé en 2006 dans quatre pays – Égypte, Jordanie, Liban et Maroc – pour les besoins du Programme des Nations unies pour le développement (PNUD) illustre l'acuité de ce clivage. 98 % du millier de personnes, femmes et hommes confondus, interrogées dans chacun de ces pays estiment ainsi que les filles ont le même droit à l'éducation que les garçons, y compris à l'université. 91 % des sondés se prononcent pour l'égalité d'accès au travail et 78 % d'entre eux jugent qu'il ne doit pas y avoir de différence dans les conditions de travail entre hommes et femmes, la proportion tombant à 62 % chez les Égyptiens.

La tolérance est en revanche bien moindre sur les questions familiales, même si 95 % des personnes sondées estiment qu'une femme doit pouvoir choisir librement son époux. Si 90 % des Libanais s'opposent à la polygamie, cette proportion tombe à 62 % au Maroc. Le sondage met en outre au jour une forte différence à ce sujet entre les femmes, majoritairement hostiles à cette pratique, et les hommes qui s'y montrent plus souvent favorables [1]. En matière de voile, la

―――――

1. Selon une enquête menée en 2001 au Maroc par la Ligue démocratique des droits de la femme auprès de 1 510 femmes des régions de Casablanca, Safi, Marrakech et Fès, près de 85 % d'entre elles sont opposées à la polygamie. Voilà qui montre l'ampleur du clivage entre les positions des hommes et des femmes sur ce thème.

moitié des personnes interrogées trouvent normal que les femmes le portent si telle est leur décision. Mais entre 43 % et 50 % des sondés en Égypte, en Jordanie et au Maroc estiment que les femmes ont le devoir de le porter, que cela leur plaise ou non. Sur le plan politique, entre 76 % et 79 % des consultés approuvent la nomination d'une femme comme ministre, mais 72 % des Égyptiens et 59 % des Jordaniens n'en voudraient pas comme chef d'État [1].

Un autre sondage, réalisé au Maroc en mars 2006 pour le journal *L'Économiste*, confirme la popularité du voile : 57 % des jeunes de quinze à vingt-neuf ans se déclarent favorables au port du *hijab*, et un homme sur deux affirme préférer que sa femme soit voilée. Le sondage montre en outre que les réponses varient à peine entre les « pauvres » et les bourgeois, les ruraux et les citadins, les illettrés et les instruits.

Voilà qui en dit long sur les hésitations arabes en matière de condition féminine. Elles se résument pour l'heure en une cote mal taillée entre la franche acceptation de toute évolution ne paraissant pas remettre en cause la suprématie

---

1. Sondage résumé dans une dépêche AFP du 6 décembre 2006.

masculine et le refus frileux de toucher à ce qui forme le socle de cette dernière.

Alors comment faire, une fois les vannes entrouvertes et les femmes engouffrées dans la brèche ? Le recours au registre religieux a fourni les outils du contrôle. Plus ou moins libérales dans quelques pays, plus ou moins iniques dans la majorité des autres, les législations familiales de la totalité des États arabes, sans exception, puisent dans les prescriptions religieuses – ou supposées telles – la justification de l'inégalité juridique que l'ordre divin est censé confirmer. Sans parler, une fois de plus, des États ayant choisi de faire de la Charia – qui a d'ailleurs bon dos – la source principale sinon unique de leur législation, même les plus téméraires n'osent pas, ou ne veulent pas, émanciper totalement la législation de la famille de la sphère religieuse.

Ainsi en Irak, avant que les invasions américaines ne fassent disparaître l'État et ne confessionnalisent la société, la législation familiale de 1959 rendait presque impossible la polygamie en l'assortissant de conditions très strictes. Plus récemment, au Maroc, la réforme de la Mudawana (code de la famille) de 2004 a fortement réduit la possibilité de conclure des unions polygames. Mais aucun de ces États n'est allé jusqu'à l'interdire formellement. L'arrivée en 1999 sur le trône chérifien d'un roi se voulant moderne a certes contribué à mettre fin à l'immobilisme d'une législation familiale devenue totalement inadaptée à la société. La nouvelle version de la Mudawana, tout en modifiant substantiellement le statut juridique des femmes, n'en insiste pas moins sur la filiation religieuse de la réforme.

Même la Tunisie qui, cinquante ans après la promulgation d'un code du statut personnel considéré alors comme révolutionnaire, demeure le pays arabe de loin le plus avancé en matière de droit des femmes, n'est pas allée jusqu'à couper le cordon. Certes, la polygamie et la répudiation y sont interdites et passibles de sanctions depuis 1956, et les femmes y jouissent de la totalité des droits civils. Mais Habib Bourguiba, qui a fait inscrire comme seule épitaphe au fronton de son mausolée celle de « libérateur de la femme tunisienne », n'a pas rompu avec le religieux pour imposer sa réforme radicale. Il s'est, au contraire, prévalu de l'Ijtihad, cette lecture des textes sacrés en phase avec l'époque, prônée par les exégètes et les philosophes au temps où le monde arabe, de Bagdad à Grenade, montrait à l'Occident les voies d'une Raison libérée du

53

divin. Le premier président tunisien a proclamé se conformer à l'esprit libéral du Coran, et non à sa lettre, pour mettre fin à des pratiques d'un autre âge. Preuve qu'il n'a pas osé transgresser tous les dogmes, il n'a modifié qu'à la marge la prescription sur l'héritage, qui reste marqué par l'inégalité entre garçons et filles. Et, comme dans le reste du monde arabe, les musulmanes se voient privées en Tunisie du droit d'épouser un non-musulman.

Le fait qu'une telle interdiction ne concerne pas les hommes illustre la persistance de la suprématie masculine. Car une femme qui se marie à l'extérieur de la Oumma est perdue pour cette dernière, tandis qu'un homme qui convole avec une étrangère la fait entrer dans sa propre communauté religieuse. La loi entérine-t-elle ici la crainte supposée de l'opinion à l'égard de changements trop rapides ou, à l'inverse, freine-t-elle un désir collectif plus fort qu'on ne le croit de faire enfin coïncider le droit avec les faits ? Les couches dirigeantes de cette partie du monde sont-elles en avance ou en retard sur les aspirations de leurs sociétés ? On l'a vu, cela dépend où. Partout, cependant, elles cherchent toujours, au moins en partie, à se légitimer en affi-

chant leur révérence devant ce qui relève du religieux.

Surtout, on ne le dira jamais assez, les contradictions qui parcourent le monde arabe ne sont
pas seulement l'expression des antagonismes
entre tenants de projets de société antinomiques.
Chaque individu, chaque homme, des femmes
aussi, chaque groupe social ou formation politique sont écartelés entre un puissant tropisme
vers la libération qu'apporte le passage de la
tyrannie du groupe à l'autonomie de l'individu,
et la crainte que cette liberté ne porte atteinte
aux structures – donc aux privilèges masculins – fondant l'ordre établi. Cette tension n'est
pas toujours facile à appréhender. Plus que les
affrontements politiques, ces luttes intérieures,
l'ambiguïté des postures individuelles vis-à-vis
des évolutions, le caractère mouvant des frontières entre modernistes et conservateurs, les
ambiguïtés des femmes elles-mêmes, expliquent
que la réalité soit parfois peu lisible.

Ces déchirements, dans tous les cas, ne relè-
vent pas de l'abstraction. Ils sont, bien au
contraire, la source de comportements pouvant
paraître étranges, parfois cocasses. Ici, un bon
bourgeois moyennement pratiquant ne veut pas
que ses filles soient lésées à l'heure de son décès.

Il décide pour ce faire de leur donner de son vivant une part de son patrimoine, afin de rétablir la justice qu'empêche une loi successorale inique. Mais il s'élève, dans le même temps, contre l'éventualité d'un changement de cette loi, arguant que son inscription dans le marbre du Coran interdit aux humains d'y toucher. Au Maroc, en Égypte, en Algérie et ailleurs, les Parlements ont entrouvert depuis plusieurs années leurs portes aux femmes. Même si la chose est peu fréquente, elles occupent aussi des postes de haut fonctionnaire et – plus rarement encore – des fonctions ministérielles. Mais, jusqu'à une période récente – 2000 pour l'Égypte, 2003 pour le Maroc –, la législation de ces pays stipulait qu'une femme mariée ne pouvait pas quitter le pays sans l'autorisation de son époux. Et l'on en vit certains user de ce pouvoir pour bloquer le départ d'une épouse sur le point d'effectuer un voyage officiel. Sans aller jusqu'à de telles extrémités, d'autres sont plutôt fiers de la réussite de leur femme, mais préfèrent que la loi réfrène leur désir d'ascension et leur rappelle que leur liberté toute neuve demeure sous leur contrôle.

L'islam n'exerce donc pas partout la même influence sur la vie civile, cette influence variant

selon la nature des régimes et des sociétés. Au
Maghreb comme au Machrek, les législations
promulguées par les États anticipent, entérinent
ou refusent l'évolution des pratiques sociales,
selon qu'ils se réclament plus ou moins des dogmes islamo-identitaires. Mais, à la fois religion
et idéologie dominante dans tout l'espace arabe,
il est là partout, comme une statue du Commandeur veillant avec la plus grande vigilance à
ce que le statut des femmes n'évolue qu'à l'intérieur d'un cadre normatif qui fixe la frontière de
leur autonomie. Au-delà de cette limite, ce
qu'on appelle parfois la « promotion » des femmes agit comme un révélateur de tous les blo-
cages de la société, mais aussi des idéologies et
des pratiques politiques qui en découlent et,
bien sûr, du discours religieux.

La trahison des femmes

Les pratiques, elles, se jouent en partie de la
loi. Tout change dans les faits, voilà le plus
important. Ces évolutions n'aboutissent pas seulement à une modernisation de l'insertion des
femmes dans leurs sociétés. Elles ont aussi pour
résultat, beaucoup plus radical, de bouleverser
la nature même des rapports entre hommes et

femmes qui les structuraient. Cela explique que ce qu'on nomme encore la question des femmes, même si elle va bien au-delà, ait pris un tour nouveau. C'est ce bouleversement, et non la simple modernisation de leur condition, aujourd'hui acceptée par à peu près tout le monde, y compris par une partie non négligeable de la mouvance islamiste, qui peut expliquer le changement de décor qu'on observe depuis une vingtaine d'années. En faisant irruption sur la scène publique, les femmes, volontairement ou pas selon les groupes et les circonstances, ont fait éclater le cadre normatif grâce auquel la société des hommes entendait contrôler leur émancipation. Elles ont vidé de son sens le système hiérarchique reposant sur la sexuation des rôles domestiques et sociaux. Cette mutation – le mot prend ici son sens le plus fort – est perçue comme une mise en danger de l'ensemble de la société. Encore une fois, elle n'est pas spécifique au monde arabe. C'est plutôt la nature et la violence des réactions qu'elle suscite qui font sa spécificité.

Plus remarquable encore, la question de l'avenir de la condition féminine est aujourd'hui l'objet de crispations beaucoup plus dures que celles que l'on constatait chez les réformistes de la fin du XIXᵉ siècle et du début du XXᵉ siècle. Ceux-là étaient pourtant eux aussi confrontés à un bouleversement historique radical. Le rouleau compresseur de l'occupation coloniale détruisait sous leurs yeux les fondements de leur monde. Sans méconnaître les traumatismes dont la colonisation était porteuse, ils ne succombèrent pas pour autant à la tentation du repli qui est aujourd'hui le propre de larges secteurs des opinions arabes.

Pour ces derniers, le bouleversement des rapports entre les sexes devient le résumé de toutes les menaces, la cause unique de la décomposition de l'ordre social, à l'origine du brouillage de leurs repères. La restauration souhaitée de cet ordre ne peut donc venir que du renforcement du contrôle des femmes et de la réitération de leur soumission à l'autorité masculine. La transgression féminine serait, en somme, à l'origine de tous les maux contemporains.

Voilà pourquoi la question féminine est au centre des interrogations que le monde arabe porte sur lui-même, sur son rapport à l'identité et à l'universel. Voilà pourquoi tous les protagonistes de la scène arabe en font un enjeu capital de leurs projets de société. C'est en effet sur leur statut que toutes les mouvances politiques et idéologiques se déterminent, et à partir de lui qu'on peut dessiner les lignes de clivage qui fracturent l'espace politique de la région. Parce que si les femmes, chargées depuis toujours de porter les signes identitaires, refusent désormais cette charge, il y aurait danger de dissolution de l'identité. Si les femmes bouleversent l'ordre masculin du monde, il n'y aurait plus d'ordre. La sauvegarde de l'identité est aussi la sauvegarde d'une société androcentrée qui s'est, dans sa majorité, détachée de la tradition, qui la rejette souvent, mais qui se sent menacée par les modèles d'égalité des sexes. Si ces derniers se prétendent universels, il faut alors refuser l'universalité pour se réfugier dans la défense du spécifique.

Le temps de l'anomie

Est-ce un paradoxe ? C'est à mesure que le souvenir de la colonisation s'efface que se renforce le sentiment de perte de l'identité. L'ennemi, alors, était un adversaire intime dont on subissait l'oppression mais dont on côtoyait les contradictions. Les liens avec les anciennes métropoles s'étant peu à peu distendus, il est désormais plus éloigné du quotidien, moins immédiatement saisissable, mais pas moins menaçant. Bien au contraire, le retour de la guerre depuis le début des années 90 comme mode de relation entre un Occident dominé par une hyperpuissance redevenue belliqueuse et un monde arabe confusément conscient de sa fragilité y a décuplé, dans un même mouvement, la peur et l'hostilité. L'écrasante hégémonie des marchés, des armes et des modes de vie occidentaux y engendre des réactions d'une violence proportionnelle à cette omnipotence. Le recours au registre identitaire de ces postures réactives va de pair avec l'homogénéisation du monde selon le modèle imposé par d'arrogantes puissances. Tout se passe aujourd'hui comme si plus la mondialisation avançait, plus l'universel reculait. Encore un paradoxe ? Le rouleau compresseur de la première semble réduire jusqu'à l'étouffer l'espace dévolu au second.

La disparition planétaire des grands messianismes séculiers qui ont marqué l'histoire du XXᵉ siècle fait également partie du changement de décor. Pendant un siècle au moins, ils ont concurrencé la religion en offrant aux humains des moyens plus terrestres de gagner le salut. Profitant de leur délégitimation par l'usage qu'en ont fait les dictatures s'en réclamant, le religieux a pu retrouver la place que la laïcité de ces idéologies lui avait contestée. Le voilà de nouveau seul capable de promettre le salut à des populations privées des moyens de croire aux lendemains qui chantent.

Car, sur le plan intérieur, leur réveil est brutal après la fin des illusions qui ont accompagné les premières années des indépendances. Autre figure de l'universel, le mythe du développement censé être porteur d'un avenir de bien-être s'est progressivement épuisé à mesure qu'il se révélait incapable de tenir ses promesses. L'arrivée en nombre sur le marché du travail de nouvelles générations de plus en plus fréquemment confrontées à la croissance d'un chômage affectant – c'est nouveau – des populations largement urbanisées et scolarisées aggrave les frustrations.

Un tel contexte, des évolutions si rapides, ont privé le présent de tout sens, faisant ainsi de l'avenir un dangereux inconnu, au contraire du passé qui rassure.

Les impostures de la modernisation

Débarquant au Koweït ou à Bahrein, atterrissant à Casablanca ou à Tunis, l'homme d'affaires ou le touriste occidental ne se sent pas, à première vue, dépaysé. Les mêmes autoroutes que chez lui s'ouvrent devant son taxi qui le conduit dans une capitale où s'érigent les mêmes grands immeubles de verre, où s'étalent les enseignes des mêmes chaînes commerciales. Le haut fonctionnaire ou l'industriel qui accueillent leur collègue venu d'Europe ou d'Amérique du Nord parlent le même langage que lui, ont fait les mêmes études, dans les mêmes universités parfois. Ils communiquent et se comprennent naturellement, et n'ont en général guère de difficultés à négocier. Bref, nombre d'Occidentaux reviennent étonnés de leur séjour oriental, fascinés quelquefois par la débauche technologique grâce à laquelle certains pays – les plus conservateurs souvent – veulent paraître modernes.

Chez ces derniers, l'exotisme est ailleurs. Il se cache dans les pratiques patrimoniales de classes politiques qui ont privatisé l'État à leur profit, ou qui ont baptisé du nom d'État leur communauté ou leur clan. Il se révèle dans la soumission servile à l'autorité dont font preuve bien des hauts fonctionnaires si modernes, dans leur révérence courtisane vis-à-vis des princes – monarques ou présidents – qui les gouvernent, dans la peur diffuse que l'on respire partout. Il s'affiche dans l'allure des femmes et dans la place qui leur est faite. Entièrement voilées ou portant le *hijab*, souvent reléguées dans la sphère domestique ou dans quelques espaces qui en sont le prolongement, elles montrent – si l'on peut dire – au visiteur qu'il est ailleurs, et que la maîtrise de l'informatique n'a pas aboli les frontières. L'accoutrement qu'on leur impose ou leurs furtives apparitions dans le monde des hommes, voilà le comble de l'exotisme. Il en séduit certains, et l'on fabrique de nouveau pour eux des cartes postales, non plus de beautés dénudées comme jadis, mais de femmes couvertes, signifiant autre chose. D'autres sont choqués, et voient à juste titre dans ces formes plus ou moins grossières ou subtiles de claustration le signe que la modernité est ici un mirage.

La place qu'elle réserve au féminin sert toujours à connaître l'état d'une société. On peut dès lors comprendre pourquoi la Tunisie, quelles que soient les dérives dictatoriales de son régime, jouit d'une bonne image au nord de la Méditerranée. Le « féminisme » d'État qui s'y est développé, et qui lui a incontestablement donné une place singulière au sein du monde arabe, lui sert en effet de brevet de bonne conduite.

Modernité, modernisation ? Quels liens entretiennent ces deux termes, ou plutôt quel fossé les sépare ? Ceux qui se sont octroyé pour mission de diriger leurs pays une fois l'indépendance acquise portent une lourde part de responsabilité dans les maux qui rongent leurs sociétés. Certes, le contexte international et les incertitudes sociales y sont pour quelque chose. Mais ils n'expliquent pas tout. Les conséquences d'une modernisation biaisée et la violence des pouvoirs en place sont loin d'être étrangères aux crispations identitaires de segments de plus en plus larges des populations.

En privant ces dernières de tout accès à la modernité et en ne tolérant qu'une modernisation technique, les équipes dirigeantes ont procédé à une déconnexion lourde de conséquences entre les outils et le sens. L'Algérie a cru se développer en édifiant de gigantesques usines. Les monarchies du Golfe ont construit des cités futuristes à l'ombre des torchères. Les villas climatisées de la classe moyenne tunisienne disent qu'elle a pour modèle le mode de vie occidental. Mais partout, plus ou moins brutalement, les pouvoirs ont exclu le politique du champ de la modernisation. Au nom de l'identité – déjà – ou du socialisme pour un temps, la plupart ont décrété que la greffe des libertés individuelles et de l'égalité des sexes ne pouvait prendre sous leurs latitudes ou, au mieux, qu'il convenait d'attendre que le développement ait produit les effets escomptés pour pouvoir y prétendre. Nulle part, au cours de ces décennies de mutations, le citoyen n'a remplacé le sujet. Les femmes, elles, sont demeurées doublement assujetties, privées de citoyenneté au même titre que les hommes, et soumises de surcroît à leur tutelle.

Aucun de ces pouvoirs n'a toléré que la diversité s'exprime. Érigé au rang d'évidence indiscutable, le mythe de l'unité nationale a servi à fermer tout accès à la pluralité, religieuse, linguistique ou ethnique. Une nation, une religion – sauf dans une partie du Machrek où les minorités chrétiennes sont trop importantes pour pouvoir être éliminées –, un peuple, une langue, tel a été partout le credo servant à se protéger des tentations démocratiques. Cette volonté de contrôle des sociétés n'a pas touché seulement l'espace du politique, mais aussi celui de la pensée. Entre des programmes scolaires exaltant le passé et faisant de l'islam le socle de la personnalité collective, et une censure excluant tout écrit susceptible d'éveiller le virus de la critique, les Arabes ont vu au fil des ans se rétrécir leur univers et, ignorants désormais de ce que peuvent être les « autres », ils se sont laissé couper du monde et enfermer – volontairement souvent – dans un monologue mortel avec eux-mêmes.

L'école reste un des principaux vecteurs de la dictature qu'exerce le religieux sur toutes les expressions et toutes les formes de la pensée. Aucun pays arabe n'a vraiment sécularisé son enseignement, pas même la Tunisie, malgré ses quelques tentatives modernisatrices. Obligatoire et omniprésente, l'instruction religieuse fait le plus souvent de l'islam une religion supérieure à toutes les autres, à l'instar des manuels égyptiens affirmant qu'il est la seule « vraie » religion, malgré l'importance de la minorité copte évaluée à dix pour cent de la population du pays. L'époque anté-islamique y est présentée comme celle de l'ignorance, durant laquelle la notion même de civilisation se voit contestée. Dans de nombreux pays, les manuels d'instruction islamique accordent une place non négligeable aux châtiments corporels prévus par la Charia, en s'attachant à en défendre le principe. Comme dans le domaine du droit de la famille, ces justifications s'inscrivent en général en faux contre les lois et les institutions des pays concernés qui, à quelques tragiques exceptions près, les ont tous bannis de leurs législations.

La condition des femmes ne saurait, on s'en doute, échapper à ce périlleux formatage scolaire. Là encore, les livres de religion ont toute latitude de présenter comme intransgressibles des prescriptions dont beaucoup ont cessé d'exister dans les droits positifs. Le Yémen a poussé aussi loin que possible son exigence de conformité aux pires interprétations de la règle charaïque en rappelant, dans un de ses manuels scolaires, que la soumission de la femme à Dieu ne peut être séparée de l'obéissance absolue à son mari.

La présentation apologétique de l'islam dépasse de loin le cadre de l'instruction religieuse pour imprégner l'ensemble des matières enseignées à l'école. On peut aisément constater l'étendue des ravages que provoque une telle imprégnation, qui laisse de surcroît peu de place à la construction d'esprits critiques. Tout est fait au contraire pour les décourager. Ainsi, les manuels marocains de la fin des années 90 précisent certes que la liberté de pensée n'est pas illégitime, à condition cependant que la Charia ne soit pas remise en cause.

L'enfant arabe apprend tout au long de sa scolarité que sa religion est supérieure aux autres, que le reste du monde lui est hostile et constitué d'adversaires n'ayant pour objectif que de l'affaiblir pour compenser leur infériorité, qu'il est interdit de contester toute parole d'autorité, et que l'inégalité des sexes se justifie par l'infériorité des femmes. Les cas sont innom-

brables d'enfants qui, modelés par l'école, sur-
veillent si le mode de vie de leurs parents est
conforme à ce qu'ils apprennent. Telle fillette
tunisienne demande à sa mère de ne plus mettre
de rouge à lèvres, les femmes fardées étant supposées être de mauvaises musulmanes. En Algérie, bien des parents non pratiquants déjeunent
pendant le mois de ramadan en cachette de leurs
enfants.

Nombre d'observateurs de la scène arabe, et
pas seulement les défenseurs de la laïcité, observent au vu de ces constats que le milieu scolaire
est une « fabrique d'intégristes » montrant tous
les jours – et pour le pire – son efficacité.

Débarrassé dès lors de tout ce qui pouvait le
concurrencer, le discours religieux s'est progressivement imposé comme idéologie hégémoni-
que. D'autant que, à mesure qu'ils affirmaient
leur autoritarisme et laissaient de moins en moins
de place à l'exercice des libertés, les dirigeants ont
cru pouvoir continuer à se légitimer en manifes-
tant en toute occasion leur volonté de promou-
voir la sacro-sainte « personnalité arabo-islami-
que » censée caractériser leurs sociétés.

Faute de choix, c'est à elle seule qu'ont eu
recours pour se définir les jeunes générations

72

scolarisées, désespérées par l'inéluctable montée du chômage, par l'aggravation des inégalités sociales dues pour partie à l'âpreté des clans dirigeants, et par l'arbitraire de l'instance politique. Le « dégoûtage », pour employer un des néologismes favoris de la jeunesse algérienne, provoqué par l'absence d'horizon, a amplifié une contestation puisant essentiellement ses arguments dans la rhétorique religieuse. Les frustrations de segments importants des nouvelles petites bourgeoisies urbaines éduquées, mais plus ou moins prolétarisées et marginalisées par les dysfonctionnements économiques et par l'ambiguïté des choix linguistiques, ont fourni à cette contestation ses intellectuels et ses idéologues.

Devant la concurrence représentée par une mouvance islamiste de plus en plus en phase avec la société, les régimes ont cru protéger leur pouvoir en lui cédant la gestion de cette dernière. L'exemple le plus frappant de ce partage est la promulgation en 1984, dans une Algérie gouvernée par le Front de libération nationale (FLN) transformé en parti unique après la guerre de libération, d'un des codes de la famille les plus conservateurs du monde arabe, consolidant juridiquement l'ensemble des privilèges du masculin et faisant de la Charia sa source principale d'inspiration.

Car ce sont d'abord les femmes qui sont instrumentalisées quand il s'agit de religion et d'identité, devenues au fil des ans pratiquement synonymes. Épousant les contradictions de leurs pays, elles ont tiré bénéfice des politiques de modernisation, tout en voyant leur émancipation bloquée par un refus global d'aller jusqu'au bout de sa logique.

L'islam politique ou la modernisation post-moderne

L'islam d'aujourd'hui, qu'il soit politique ou simplement bigot, est l'enfant de cet improbable « moderne » qu'ont bricolé sans en prévoir tous les effets les pouvoirs et les sociétés arabes, les premiers en voulant que « tout change sans que rien ne change », pour paraphraser la célèbre formule de Lampedusa, les secondes en étant déchirées entre leur attirance pour le nouveau et la crainte de perdre des repères rassurants. Les militants de l'islam ont fait de la navigation sur la Toile leur principal outil de communication et de propagande, et c'est par Internet qu'ils veulent persuader les musulmans de revenir à la vérité du passé pour guérir de leurs maux actuels. Les nouveaux dévots, qui donnent le *la* dans les classes moyennes, se branchent quant à eux en direct sur les chaînes satellitaires religieuses. Ils y boivent quotidiennement les paroles de prédicateurs bien mis qui les réconcilient avec eux-mêmes en leur affirmant qu'il n'est pas interdit d'être moderne quand on est musulman, à condition de se soustraire aux influences d'un Occident dangereusement matérialiste.

Car, si l'on veut comprendre ce qui se passe au sud de la Méditerranée, il faut d'abord convenir que l'islam politique n'est pas conservateur. Il est réactionnaire. Invoquant le passé prophétique sur un mode purement incantatoire, il ne veut pas restaurer un vieil ordre enterré par l'histoire, mais changer la société. Il se veut porteur d'une autre modernité, capable de concurrencer celle qui a pris naissance au siècle des Lumières et dont les principes ont acquis peu à peu valeur universelle. C'est cette universalité qu'il conteste, au nom des valeurs propres d'un islam dont ses idéologues relisent les textes pour en donner une interprétation conforme à leur projet.

Ce projet se propose d'opérer une triple rupture : avec l'islam traditionnel pour en restaurer une supposée « pureté » pervertie par l'histoire,

75

avec l'islam officiel des pouvoirs afin d'en retrouver la dimension contestataire, et avec la modernité occidentale, cheval de Troie de la volonté dominatrice des puissances d'aujourd'hui et anti-modèle d'une permissivité matérialiste dénuée de toute morale, mot-clé du vocabulaire musulman d'aujourd'hui.

Pour y parvenir, la lutte doit se mener sur trois fronts. L'un d'eux doit être la religiosité traditionnelle, trop éloignée du modèle du « vrai musulman ». Le temps a en effet détaché les élites néo-urbaines converties à l'islam politique de leur matrice rurale. La vieille religion paysanne mâtinée de superstition et de rites magiques, pratiquée dans les anciennes sociétés caractérisées par la dispersion des pôles de pouvoir et la pluralité des légitimités, ne correspond plus à la modernité urbaine dans laquelle elles baignent désormais. Leurs représentants sont des enfants de la ville, ils ont grandi à l'ombre de l'État unitaire détenteur de la totalité du pouvoir. C'est à l'intérieur de ce cadre qu'ils se meuvent, avec pour objectif d'en changer le contenu tout en en conservant la forme. Il n'existe à leurs yeux qu'un islam aux pratiques unifiées sur le modèle dit salafiste, qui ne tolère aucune adaptation aux particularités des sociétés dans lesquelles ils veulent l'implanter.

Les deux autres cibles principales du projet islamiste sont les régimes en place considérés comme « impies » au regard des dogmes et vendus à l'ennemi et, bien sûr, l'Occident.

Armés de leur bâton de pèlerin, les missionnaires de cet islam politique, qui se réclame du retour à l'authenticité des origines, annoncent à leurs fidèles l'avènement prochain du « musulman nouveau », comme le communisme parla en son temps de « l'homme nouveau ». C'est la marque la plus sûre de son caractère révolutionnaire. N'oublions pas, d'ailleurs, que la dernière révolution du XXe siècle fut celle qui changea la face de l'Iran en 1979. Si l'on veut jouer avec les paradoxes, on peut avancer que cette dimension inscrit ce mouvement porteur d'une révolution réactionnaire dans un moderne nouveau, dans une sorte d'universel spécifique, puisqu'il puise sa rhétorique dans une exigence de rupture et dans la construction d'une identité capable de concurrencer l'universel occidental.

Et si ces caractères relevaient d'un autre paradoxe ? Si cette nouvelle figure du politique partie à la conquête du monde musulman était l'autre versant d'une pensée postmoderne qui occupe déjà de solides positions dans l'espace intellectuel occidental ? Apparu il y a quelque vingt-cinq ans sur la scène arabe, l'islamisme a fait irruption dans des sociétés encore rattachées à l'ancien, mais toutes en voie de modernisation. Offrant des certitudes à des foules désertées par le sens, il a contribué plus qu'on ne le pense généralement à défaire le vieux monde, en leur donnant le sentiment de pouvoir enfin apprivoiser le nouveau sans que ce dernier s'inscrive forcément dans la modernité profane. N'est-il pas, de ce fait, l'acteur central d'un passage direct de la prémodernité d'avant-hier à la postmodernité d'aujourd'hui, en comprimant l'espace historique nécessaire à une installation durable de la modernité d'hier ?

Le monde arabe est, en fait, depuis plus d'un siècle, depuis l'émergence du mouvement de la Nahdha, à la recherche d'une « modernité musulmane » longtemps introuvable. Il croit aujourd'hui pouvoir y accéder grâce à la mort, en Occident, de la croyance dans le progrès. Car ce dernier est le socle sur lequel s'est édifié l'universel séculier caractérisant la modernité. Si cet universel-là disparaît, le spécifique est prêt à prendre sa place.

Le temps de l'anomie

Choc des civilisations
ou analogie des évolutions ?

Voilà le nouveau cadre dans lequel se meuvent
les femmes au sein du monde arabe, ou duquel
on voudrait désormais qu'elles se contentent.
Malgré les résistances planétaires, et partout obs-
tinées, à leur émancipation, cette dernière a fini
par être reconnue comme un pas essentiel vers le
progrès et comme une dimension centrale de la
modernité. Le reflux de ces deux absolus a forcément pour elles de lourdes conséquences : le
nouveau contrat de société proposé – ou imposé
– aux femmes arabo-musulmanes porte les stig-
mates d'une régression, sans qu'on puisse pour
autant parler d'un retour des traditions. La victoire sans partage du *hijab* sur les anciennes
façons de se voiler montre bien que ces dernières
sont mortes, même si, dans quelques zones reculées, leur cadavre bouge encore.

Des bourgades palestiniennes aux cités populaires marocaines, de plus en plus de jeunes filles
et de femmes ne sortent que la tête enveloppée
de leur *hijab*, au point qu'elles représentent
désormais la majorité de la population féminine.
Cachant toujours les cheveux et le cou pour ne

79

laisser paraître que l'ovale du visage, il peut toutefois être plus ou moins strict. Triste le plus souvent, quand les rigoristes et les pieuses s'affublent d'un terne tissu gris ou beige, il devient quelquefois éclatant quand il est fait d'étoffes aux couleurs vives, parfois même criardes, et s'orne de paillettes ou de voyants bijoux en toc. Si l'on s'avise de décrire à ces femmes les voiles de leur grand-mère ou de leur mère, blanc *safseri* de soie ou de coton des citadines tunisiennes, robes aux larges fleurs et tête couverte d'un fichu des paysannes de Kabylie ou d'ailleurs, amples caftans marocains aux capuchons laissant échapper quelques mèches de cheveux, mais aussi voiles épais des mozabites ne laissant découvert qu'un seul œil pour leur éviter d'être totalement aveugles dans la rue, elles oscillent entre le dédain et le dégoût. Tout cela, disent-elles, relève de traditions auxquelles elles se sentent parfaitement étrangères. C'est le *hijab* qui manifeste avec éclat leur inscription dans l'actuel. Symbole modernisé et mondialisé de la même antique oppression, il veut aussi dire autre chose en s'opposant dans le même temps aux particularismes locaux des pratiques religieuses et au modèle occidental de la femme « dévêtue ».

Le temps de l'anomie

Depuis deux décennies au moins, le particulier revient en force. L'Occident des Lumières avait entrepris de l'enterrer en érigeant l'universel en absolu. C'est en son nom qu'il partit conquérir le monde et persuader les « autres » que son modèle représentait le seul horizon possible pour l'humanité tout entière. C'est en son nom aussi – en partie, au moins – que les peuples opprimés revendiquèrent plus tard la liberté. Mais deux siècles et quelques séismes plus tard, il a bien fallu déchanter. D'un côté, les États qui se proclament seuls détenteurs légitimes de l'héritage font fi de ses principes quand leurs intérêts sont en jeu, n'hésitant pas à brandir ici les droits imprescriptibles de la personne humaine pour stigmatiser un régime ennemi, et à les oublier ailleurs pour conclure des contrats ou terrasser le terrorisme, devenu prétexte à toutes les dérives. De l'autre, le modèle montre des signes d'épuisement dans les sociétés mêmes où il est né. Pour la première fois depuis des lustres, les soubresauts du monde, les régressions sociales, les angoisses grandissantes sur l'avenir de la planète rendent les habitants d'Europe et d'Amérique du Nord de plus en plus sceptiques sur la possibilité d'une poursuite infinie du progrès.

Les Arabes, les femmes, la liberté

Cette remise en cause radicale de l'universel des Lumières, de l'image que l'Occident s'est faite si longtemps de lui-même et de la supposée grandeur de sa mission, est fondatrice de la pensée post-moderne qui se caractérise, entre autres, par la brutalité de sa rupture avec les convictions d'antan. Le relatif y remplace l'absolu, l'universel y est détrôné par le spécifique, et la croyance dans le mouvement ininterrompu du genre humain vers le progrès fait place à la certitude que les invariants des sociétés et des cultures l'emportent sur leurs capacités d'évolution. Ce ne sont plus, dans cette logique, les groupes humains qui fabriquent leur culture par un processus continu de destruction-création, mais leur culture dans ce qu'elle a d'immuable qui les fabrique. Ultime coup de boutoir aux principes fondateurs de la modernité, ce retour à l'hégémonie du déterminisme culturel submerge désormais la notion de libre arbitre.

C'est sur ce socle que s'est constituée la théorie vite devenue fameuse du « choc des civilisations ». Se caractérisant par un immobilisme qui les situe hors de l'histoire, étanches l'une à l'autre, sans espace de rencontre, les cultures en question seraient en quelque sorte destinées à s'affronter pour protéger leur différence. Cette victoire du différentialisme réduit l'universel à un corpus de valeurs supérieures propres à la civilisation occidentale et, de ce fait, non exportables, sinon par la contrainte qui peut aller jusqu'à la guerre. Les peuples des autres mondes seraient réfractaires à leurs principes considérés comme inassimilables par leurs cultures respectives.

L'autre version de ce différentialisme, qui représente un courant important des sciences sociales occidentales, consiste à refuser tout jugement des valeurs. Tout se vaudrait dans l'univers du relatif où se dissout le genre humain, et la notion d'équivalence des valeurs y supplante le principe d'égalité de tous les humains entre eux. Personne ne serait fondé à critiquer des pratiques se présentant comme le propre d'une culture. C'est ainsi qu'on a vu, au cours des dernières décennies, des faiseurs d'opinion vanter sans états d'âme le tchador iranien ou la burqa afghane au prétexte qu'ils seraient des symboles culturels. D'autres, au mieux, n'ont rien vu de scandaleux dans ce retour en force de la claustration des femmes. Les mêmes défendent chez eux le port du *hijab,* y voyant le désir légitime de marquer sa différence au sein des sociétés occidentales.

On mesure l'aubaine que représentent ces dérives pour tous les fabricants d'identité qui se partagent aujourd'hui les faveurs de l'opinion au sud de la Méditerranée. En même temps qu'elle pousse sur l'humus des frustrations sociales et du refus des nouvelles formes de l'hégémonie occidentale, l'idéologie des mouvances islamistes puise dans ces nouveaux registres bon nombre d'ingrédients de sa légitimité.

Car une déconstruction aussi violente de ce qui fut longtemps la pensée dominante a bouleversé partout, bien au-delà de l'Occident lui-même, le regard que portent les humains sur le monde et sur eux. Sans craindre le paradoxe, on assiste aujourd'hui à la mondialisation accélérée des idéologies du spécifique. Tout se passe comme si l'essentialisation des sociétés opérée par la pensée post-moderne occidentale avait pour miroir oriental la construction de « l'identité musulmane », présentée comme irréductible aux autres par les nouvelles mouvances de l'islam.

D'un côté, l'Occident a pris pour habitude de classer les humains d'abord par leur appartenance religieuse. Dans les médias, les universités, les partis politiques, au Café du Commerce comme chez les experts, on ne compte plus les

84

exégètes de telle ou telle religion, rivalisant de commentaires sur ses textes sacrés. Il n'y a plus guère d'autres appartenances qui comptent. Ici les orthodoxes s'opposent aux catholiques. Là les évangélistes mettent en danger l'Église. Au sud de la Méditerranée, il n'y a que des musulmans. En France, on s'est félicité il n'y a pas très longtemps de la nomination d'un « préfet musulman ». Son origine ? ses convictions politiques ? son parcours professionnel ? son rapport à la foi ou à sa pratique ? Peu importe, il fallait qu'il porte un nom sonnant « musulman ».

Cette confessionnalisation de la pensée et de la sphère politique obéit à la même logique que celle du discours islamiste. Pour ce dernier en effet, seule compte l'appartenance à la Oumma, et les seules véritables frontières sont celles qui séparent les religions. Même la spiritualité dont chaque culture a créé ses versions propres est aujourd'hui réduite à sa seule dimension religieuse. Pire, les religions ont cessé d'être vues comme des créations culturelles. Ce sont au contraire les cultures que l'on considère comme leurs produits.

Comme toutes les jeunesses du monde, les extrêmes gauches arabes voulaient, dans les années 60, abattre l'impérialisme. Oussama Ben

Laden lève, quarante ans plus tard, l'étendard de l'islam contre les juifs et les chrétiens. Il y a quelques décennies, les écoliers occidentaux apprenaient que la civilisation de l'Europe était gréco-latine. On enseigne aujourd'hui à leurs enfants qu'elle est judéo-chrétienne. Dans les deux cas, la géographie est remplacée par la croyance, et au nord comme au sud, même si les conséquences n'en sont pas les mêmes, elle seule désormais définit l'identité.

Puisqu'il en est ainsi, il ne sert à rien, vous dit-on, de vouloir échapper à cette dernière, car elle vous rattrape tôt ou tard. Là encore, les discours se répondent de part et d'autre de la Méditerranée. Nombre de chercheurs occidentaux trouvent normal que l'islamisme soit la figure politique dominante du monde arabe d'aujourd'hui. Ce dernier retournerait ainsi à la vérité de sa culture après les errances qui l'ont conduit à vouloir copier des modèles étrangers. Les échecs en série de ces greffes apporteraient la preuve que rien ne peut être entrepris hors le référent identitaire. Par cette assignation, nombre d'islamologues donnent ainsi aux mouvements issus de la sphère religieuse l'onction de la légitimité historique. Eux seuls, en somme, seraient fondés à diriger des peuples auxquels on a ôté toute la diversité de leurs appartenances pour n'en faire que des musulmans.

Sur la rive sud, les discours faisant du repli identitaire le seul moyen de reconstruire des sociétés en déroute disent à peu près la même chose, plus brutalement. Il n'y a point de salut hors les frontières de sa culture. Un peuple court tous les dangers à vouloir les franchir. Il risque non seulement de voir sa personnalité dissoute, mais cet affaiblissement le met à la merci d'un Occident toujours aussi avide de domination. En perdant sa « pureté », une culture perméable aux apports des autres se rendrait vulnérable. Il faut donc se barricader dans sa spécificité supposée pour échapper à cette menace.

D'un côté, un univers déserté par les idéologies séculières est désormais structuré par d'inédites utilisations du divin et habité par les discours multiples de la différence. Ceux-ci résonnent comme autant de résistances à une homogénéisation qu'ils tentent d'exorciser en lui opposant de nouvelles constructions politico-religieuses qu'ils nomment identité. De l'autre, chez les nostalgiques inconscients de l'époque d'une suprématie sans partage, le refus de plus en plus fréquent de considérer le genre humain comme porteur d'universel et l'apologie de l'irréductible singularité des sociétés qui le composent ont conduit à des dérives relativistes légitimant n'importe quel discours de la différence, fût-il le plus réactionnaire. Tous érigent en tout cas la pureté en valeur cardinale et tentent de s'opposer à tous les métissages.

Il n'y a pas, pour ces discours, de complexité du monde alors qu'elle est la figure la plus fidèle du monde d'aujourd'hui. Ils se traduisent, sur le plan politique, par le retour de binômes dont les termes s'affrontent, et qui deviennent des armes pour ceux qui se font face. On se dispute ainsi le monopole du Bien, stigmatisant le Mal incarné par l'ennemi.

*Quels rôles
pour les femmes ?*

Les tribulations d'un vieux couple

On aimerait tant ne pas rabâcher. Mais, quand l'histoire bégaie, on est bien obligé de la suivre pour tenter de l'expliquer. Voici donc de retour le couple femme-identité. Il n'avait pas totalement disparu durant ces années de mutations qui avaient donné naissance à une femme instruite et travailleuse, à la conquête de l'espace public et tournée vers la modernité. Les femmes arabes quittaient alors sans nostalgie le monde de leurs mères, les abandonnant avec joie au foyer, et ne recueillant comme legs que les recettes de cuisine ou les vieilles chansons populaires, seul héritage de la tradition qu'elles acceptaient de conserver. On les renvoyait bien sûr à leur place quand elles s'avisaient de traverser les frontières que la société avait tracées pour elles, en leur rappelant les « devoirs » que leur condition leur imposait de toute éternité. Mais enfin, l'époque ne leur interdisait pas tout à fait d'espérer.

Allers-retours, une fois de plus, entre le présent et le passé ? Est-ce un hasard si l'identité revient en force à chaque moment de faiblesse qu'ont connu les Arabes au cours des cent et quelques années qui viennent de s'écouler, alors qu'elle s'estompe pendant les périodes d'optimisme et de foi dans l'avenir ? Chaque fois que ce dernier se brouille, elle resurgit sous des habits nouveaux, mais garde pour constante le rôle central attribué aux femmes dans chacune de ses versions.

Car tous les disciples des messies d'une rédemption prochaine, censée avoir pour condition la reconstruction d'un passé musulman réinventé, voient dans le rétablissement de la division sexuelle des tâches et des espaces et dans la restauration de la suprématie du masculin la garantie du retour à l'âge d'or de l'équilibre conçu par le divin. Cette nostalgie des temps de la toute-puissance masculine n'est pas, comme on se plaît à l'affirmer en Occident, l'apanage d'un monde musulman trop vite assimilé à ses dérives dites salafistes. Les fondamentalismes qui fleurissent dans les pays de tradition chrétienne ou au sein du judaïsme sont aussi terrifiés que leurs ennemis emblématiques par la perspective d'un avènement possible de l'égalité des sexes.

Est-ce parce que ses multiples contentieux avec l'Occident atteignent actuellement un paroxysme ? Le monde arabo-musulman occupe tout de même une place à part dans la concurrence planétaire des régressions vers le spécifique. L'obsession identitaire y habite toutes les couches de la population, toutes les catégories sociales et la majorité des milieux intellectuels. En fait d'écueils, la vague ne rencontre que des groupes trop faibles pour lui faire efficacement barrage. On peut porter des vêtements de marque et boire du Coca, passer ses vacances à Paris et envoyer ses enfants étudier la finance dans les meilleures universités américaines, conclure de juteux contrats avec des entreprises occidentales et inviter leurs P-DG au bord de sa piscine, se gaver de musique venue d'outre-Atlantique, cela ne change rien à l'affaire. C'est l'atteinte à l'intégrité de la personnalité collective que l'on invoque pour condamner les aventures occidentales, plus que le chaos politique qu'elles engendrent.

Mais l'originalité de cette région réside aussi – surtout ? – dans le fait que la religion y est le socle de l'identité et la femme voilée sa garante. Identité = religion = femme voilée, voilà le triptyque proposé par les mouvances islamistes à la conscience des Arabes, et que la plupart ont intériorisé sans guère de difficultés. Cette vieille équation a connu des reculs au cours de l'histoire récente. Même s'il s'est réclamé de l'islam chaque fois que cela pouvait lui être utile, le nationalisme arabe fut un mouvement largement a-religieux, pour qui l'identité puisait à plusieurs sources. Il fut aussi transreligieux, englobant sous sa bannière l'ensemble des minorités chrétiennes d'Orient, qui lui donnèrent d'ailleurs ses principaux idéologues.

Aujourd'hui, le triptyque revient en force. Ne pas y souscrire, c'est être plus ou moins athée, vulgairement matérialiste, suppôt d'un Occident redevenu l'ennemi héréditaire, représentant de ces classes supérieures qui ont abandonné leurs peuples en faisant allégeance à des pouvoirs haïs. Une des plus graves insultes lancées en Algérie contre les intellectuels se réclamant des mouvances laïques est de les accuser d'appartenir au *Hezb França*, le parti de la France, et de les désigner ainsi comme des traîtres. Car, plus qu'un fondamentalisme pur et dur, c'est une sorte d'islamo-nationalo-populisme qui est devenu l'idéologie dominante de la région.

Quels discours de rechange ?

Idéologie dominante ou idéologie unique ? Comme en réponse à la quasi-hégémonie du discours islamiste dans toutes les sphères de la société, une nouvelle génération de penseurs arabes a vu le jour depuis une quinzaine d'années. Si les laïcs n'en sont pas absents, la majorité se situent dans la continuité du mouvement libéral qui connut ses beaux jours à l'aube du XXᵉ siècle. Comme leurs prédécesseurs, ils se sont donné pour tâche de moderniser l'islam afin de convaincre leurs concitoyens qu'ils peuvent épouser leur époque sans être des traîtres pour autant.

Venus de courants différents, ils s'accordent néanmoins sur la nécessité d'ôter aux islamistes le monopole de l'interprétation des textes sacrés. Signe des temps, nombre d'intellectuels laïcs se résignent désormais à s'en préoccuper. Ils regrettent aujourd'hui que leur mouvance ait déserté ce terrain durant des décennies, l'abandonnant ainsi à leurs pires ennemis. Beaucoup s'appuient sur leur connaissance des textes pour en condamner la teneur et redire leur refus de voir la norme religieuse gouverner la cité. Les autres se fixent pour objectif de fournir au public de nouvelles interprétations du Coran qui puissent récuser les versions propagées par les divers mouvements se réclamant du fondamentalisme.

L'ambition de ces nouveaux exégètes consiste à revisiter le corpus prescriptif du Coran. Les partisans de la rupture s'attachent à en démontrer au mieux l'obsolescence, au pire l'inanité. Ceux qui veulent contester les lectures islamistes sans pour autant délégitimer le Livre s'efforcent en revanche de démontrer que ses lectures littéralistes ne sont pas fidèles à son esprit, et que ce dernier ne contredit en rien les valeurs essentielles de la modernité. Les siècles, en somme, n'auraient pas altéré ce « progressisme » du texte qu'ils veulent exhumer. L'attachement des sociétés à leurs traditions ancestrales et le conservatisme de générations de commentateurs autorisés seraient les premiers responsables des interprétations figées qui ont depuis si longtemps force de loi dans la majeure partie du monde musulman. À ces raisons anciennes, il convient d'ajouter la « mondialisation » du wahhabisme saoudien qui étend désormais ses ravages partout où l'islam a planté des racines, à tel point que ses normes font aujourd'hui figure de loi divine aux yeux d'un nombre de plus en plus grand de musulmans.

On pourrait croire à juste titre que les penseurs qui s'insurgent contre cette fossilisation et tentent de s'opposer au désastre annoncé par ces tentatives hégémoniques se préoccupent au premier chef de la question des femmes. Une telle priorité correspondrait logiquement à la place centrale qui est la sienne dans les discours et les projets de société islamistes. Étonnamment, il n'en est rien. Certes, au détour d'une phrase, en y consacrant quelques lignes, tous se font un devoir de rappeler l'importance qu'ils lui accordent. Mais aucun, ou presque, n'a les audaces et les colères des réformistes d'antan. S'ils en mentionnent presque tous la nécessité, aucun, ou presque, ne s'attarde vraiment sur l'urgence d'une réforme de la condition féminine. Serait-ce qu'elle irait de soi, ou que ce n'est pas le plus important aux yeux de ces laïcs et de ces partisans d'un islam moderne ? Non seulement cette question est à peine évoquée, mais les rétrospectives de la pensée musulmane que la plupart se plaisent à retracer ne réservent qu'une place marginale aux penseurs « féministes » de la première moitié du siècle dernier. Les quelques anthologies des grands réformateurs parues ces dernières années en langue française ne font mention d'aucun d'entre eux. Aucune femme n'a non plus été jugée digne de figurer parmi les auteurs de ces ouvrages collectifs. Non qu'elles n'existent pas. Au Maghreb surtout, toute une génération de femmes universitaires a produit au cours des dernières décennies des analyses qui ont nourri celles des nouveaux penseurs. Mais, ni révélateur de l'état de leurs sociétés, ni miroir de leurs interdits et de leurs frustrations, ni nœud de leurs contradictions, les femmes restent chez eux des ombres qui semblent se glisser comme par effraction dans leurs raisonnements.

Là encore, on est frappé par l'écho que trouve ce silence au nord de la Méditerranée, où des milliers de pages se sont écrites depuis deux décennies sur l'émergence puis l'enracinement politique et social des nouveaux intégrismes. De ces analyses savantes, les femmes sont absentes, comme si leurs auteurs craignaient de ne pas paraître sérieux en leur donnant trop d'importance. Nul spécialiste des mouvements islamistes n'a fait d'elles son sujet de recherches. Peu d'entre eux s'interrogent sur le caractère obses-

sionnel de la fixation « féminine » des prédicateurs d'aujourd'hui. En France, seule la question
du voile a paru un moment les sortir de leur
mutisme. Mais le débat entre hommes a davantage porté sur les mérites respectifs du commu-
nautarisme ou de la république jacobine que sur
la signification du voile pour les femmes elles-
mêmes. Allant plus loin, nombre d'écrits ayant
alimenté la polémique ont érigé les musulmanes
attachées au *hijab* au rang d'Antigone du droit
à la liberté.

Les femmes, une fois de plus, se voient bal-
lottées entre le silence des uns et l'instrumenta-
lisation des autres. Au faible intérêt qu'elles sus-
citent chez les analystes occidentaux de l'islam
politique, répond en effet la surmédiatisation de
leur condition dans l'ensemble de la presse.
Comme jadis, au temps de la colonie, les discriminations dont elles sont les victimes servent
aujourd'hui à signifier à quel point le monde
arabe, et plus largement musulman, demeure
imperméable à la modernité. Les tragédies
vécues par certaines d'entre elles sont recyclées
en trame dramatique d'édifiantes histoires destinées à démontrer la dangereuse arriération d'à
peu près tous les musulmans. Plus remarquable
encore, la plupart des dossiers que la presse occi-

dentale consacre au problème islamiste se doivent d'être ponctués par des photos de femmes
voilées, même si les articles illustrés n'ont pas les
femmes pour sujet.

Qui, alors, parle des femmes, hors les discours
réductionnistes qui se font face d'une rive à
l'autre de la Méditerranée ? Ce sont d'abord les
femmes. Celles, en premier lieu, qui appartiennent à la nouvelle communauté des penseurs
arabes, dont on occulte trop souvent la mixité.
Car elles écrivent aussi. Comme les hommes,
elles ont choisi de s'attaquer au Livre ou de le
réinterpréter. Mais, contrairement aux hommes,
c'est de leur condition qu'elles parlent, et des
rôles dans lesquels on voudrait de nouveau les
enfermer. Chercheuses ou militantes, laïques ou
réformistes, elles scrutent l'évolution et les blo-
cages de leurs sociétés, dont dépend leur avenir.
Elles n'apportent pas toutes les mêmes réponses
à ces questions qui font l'objet de vifs débats
entre elles. On fait le plus souvent silence sur
leurs controverses qui influencent pourtant la
palette des mouvements se disputant les faveurs
de la population féminine.

Les nouvelles guerres des femmes

Une première vague féministe a parcouru, on l'a vu, le monde arabe au début du XXᵉ siècle. Mais elle a connu un reflux lors des luttes de libération nationale. Les femmes ont alors fait passer l'urgence de ce combat au premier plan de leurs préoccupations, oubliant pour un temps leurs revendications propres. Elles ont cru naïvement que leur libération viendrait presque naturellement une fois l'indépendance acquise. À quelques exceptions près, elles ont dû déchanter. Avec la mort des illusions, les années 70 et 80 marquent la fin de cette éclipse. Le monde arabe, au Maghreb surtout, voit alors émerger une nouvelle génération de mouvements féministes nés de la scolarisation des filles et de leur entrée dans le monde du « dehors ». De plus en plus frustrées par les freins mis à leur émancipation, leurs militantes et leurs cadres se mobilisent pour en revendiquer la suppression.

Il est, dans ce contexte, un phénomène auquel on a en général prêté peu d'attention. C'est, au tournant de ces années, la simultanéité de la naissance des mouvements féministes et islamistes. Elle n'est pas fortuite. Elle est plutôt un

101

signe supplémentaire de la nature des affrontements qui agitent les sociétés arabo-musulmanes, et de la place centrale que les femmes occupent dans les discours d'exaltation de l'identité. Devant cette nouvelle donne, un féminisme de défense prend peu à peu la place du féminisme de revendication. Là où il y en a, comme en Tunisie, il s'agit de sauvegarder les acquis. Là où ceux-là ont été maigres ou inexistants, les féministes se mobilisent pour éviter une aggravation de leur condition. La mort dans l'âme le plus souvent, elles renoncent dans bien des cas à réclamer de nouvelles avancées pour tenter de stopper les reculs qui s'annoncent, comme en Égypte où elles tentent de s'opposer à l'intrusion de la Charia comme seul critère de définition des normes juridiques.

Partout, en outre, elles affrontent désormais les nouveaux et, de plus en plus, les nouvelles missionnaires de l'islam, qui remettent en question les acquis et les aspirations des générations précédentes. Car, s'ils sont contestés par de larges franges de la population féminine craignant par-dessus tout qu'ils n'arrivent au pouvoir, les partis religieux recrutent aussi largement chez les femmes. Leur proposant de nouvelles images d'elles-mêmes, loin de la tradition et loin de

l'Occident, ils dessinent les contours de la
« musulmane nouvelle » qui serait la compagne
idéale du « musulman nouveau ». La violence
fait partie de leur arsenal, la séduction aussi.

La violence, toujours. Au début des années 90,
en Algérie, les militants du Front islamique du
salut (FIS) jetaient du vitriol à la figure des étu-
diantes « découvertes » ou accompagnées de
leur petit ami, qu'ils attendaient aux portes des
universités, et brûlaient les demeures des femmes célibataires supposées n'être que des prostituées. Au Maroc, en 2002, plusieurs femmes
étaient sommées de porter le *hijab* à coups de
menaces et d'agressions par des individus agis-
sant « au nom de l'islam ». Au Machrek, comme
au Maghreb, les partis islamistes et ceux qui s'en
réclament s'en prennent systématiquement, y
compris physiquement, aux femmes qui ne
plient pas devant leur loi.

Le plus souvent, les autorités se taisent devant
leurs agissements. Dans plusieurs pays, elles
s'efforcent même, parfois, de se concilier les grâ-
ces de leurs instigateurs. La pression des partis
religieux s'ajoute bien souvent au conservatisme
des pouvoirs pour traquer toute manifestation
d'une quelconque revendication féminine. C'est

103

ainsi qu'au Koweït, en 2000, deux femmes écrivains ont été condamnées à un mois de prison pour « outrage aux mœurs et à la religion ». En 2001, une célèbre écrivaine féministe égyptienne, menacée de mort à plusieurs reprises, a fait l'objet d'une plainte déposée par des militants islamistes. Le tribunal l'a reconnue coupable d'« atteinte à la religion ». Au Maroc, toujours en 2001, l'agression d'une universitaire par des militants islamistes au prétexte qu'elle insultait le Prophète dans une de ses conférences, et sa virulente condamnation par des imams de mosquées parfaitement officielles, ont provoqué le commentaire suivant du ministère des Habous [1] et des Affaires islamiques : « Le prêcheur du vendredi a le droit de choisir le prêche en fonction de la pertinence du sujet quant au lieu et au moment [...] ; certes, si la réputation et la dignité des individus doivent être sauvegardées et respectées, la sauvegarde de la personne du Prophète est prioritaire et autant il en est de la conservation des principes sacrés, religieux et nationaux [2]. »

---

1. Biens de mainmorte religieux.
2. Communiqué de l'Observatoire pour la protection des défenseurs des droits de l'homme du 13 septembre 2001.

Quels rôles pour les femmes ?

Aux harangues enflammées des leaders islamistes radicaux et des prédicateurs placés dans leur mouvance se joignent ainsi, comme en écho, prêches et déclarations de nombre de porte-parole de l'islam institutionnel, pourtant dûment contrôlé par les États. Des diatribes des tribuns aux propos des Oulémas des universités théologiques, la stigmatisation du diable féminin est un sujet inépuisable. Elle fait partie de l'air du temps.

Cette violence idéologique, qui n'hésite pas à se muer en agressivité physique, trouve un profond écho dans les sociétés, bien au-delà des mouvances islamistes. En stigmatisant toute attitude « déviante » au nom de la prescription religieuse, les discours de ces dernières ont libéré une violence masculine plus diffuse mais aussi plus massive. Tout se passe comme si les hommes étaient désormais autorisés à transformer leur haine d'une modernisation qui les dévalorise en détestation misogyne. Ici encore, le monde arabe ne fait preuve dans ce domaine d'aucune singularité. Les exemples de l'Inde ou de la Chine montrent à quel point la confrontation avec la modernité durcit jusqu'à la plus extrême brutalité ce qu'on appelle trop vite la tradition. Ils montrent aussi que les régressions sont possibles partout où les circonstances s'y prêtent. La fin du communisme a fait ainsi réapparaître en Chine des pratiques que l'on croyaient oubliées. Portées par le consensus silencieux mais massif sur le malheur d'avoir trop de filles, les femmes des classes moyennes indiennes utilisent les technologies les plus modernes pour pratiquer des avortements sélectifs quand le fœtus est de sexe féminin. Mais, du Caire à Alger, la brutalité misogyne prétend s'exercer de façon légitime sous le manteau protecteur de la référence religieuse. C'est toujours au nom de Dieu qu'on va « casser » de la femme, bouc émissaire de tous les malheurs du temps. L'alibi est commode, qui sait transformer le crime en bonne action.

14 juillet 2001 : des dizaines d'hommes envahissent le quartier d'El Haïcha à Hassi Messaoud, où vivent de nombreuses jeunes femmes originaires du nord de l'Algérie. Elles se sont installées dans cette ville pétrolière du désert que l'or noir a rendue relativement prospère. Employées comme femmes de ménage, elles envoient chez elles la plus grande part de leur salaire pour entretenir leurs familles ravagées par le chômage. Se regroupant à plusieurs pour

louer un logement, elles vivent entre femmes. Il n'en faut pas davantage pour qu'on les assimile à des prostituées se livrant à la « débauche ». C'est donc au nom de la morale que quelque deux cents hommes en furie âgés de quinze à trente ans, venus des quartiers voisins, se ruent ce jour-là sur leurs maisons. Quatre-vingts femmes sont victimes de viols collectifs et de tabassages sauvages, commis par des citoyens « ordinaires » convaincus de leur bon droit. À la même période à peu près, des raids similaires sont menés dans d'autres villes comme Tebessa, à la frontière algéro-tunisienne.

Des incidents du même type se sont multipliés ces dernières années en Égypte. Le 25 mai 2005, lors d'une manifestation contre la décision du président Hosni Moubarak d'amender la Constitution, une troupe de nervis encadrés par la police assaille manifestantes et journalistes femmes, déchirant leurs vêtements et se livrant sur elles à des attouchements. Aucune plainte déposée par les victimes n'aboutit. La violence misogyne mise au service de la répression politique montre à quel point la première est entrée dans les mœurs.

Plus spectaculaire encore est la fièvre misogyne populaire. Le 23 octobre 2006, lors de la fête de l'Aïd el-Fitr qui voit les rues du Caire se remplir de monde, une bande d'une cinquantaine d'hommes de dix à quarante ans se mettent à agresser les femmes qui passent. Voilées ou tête nue, accompagnées ou pas, jeunes et femmes d'âge mûr, vêtues de tenues moulantes ou cachées sous d'amples *khimars*[1], de nombreuses femmes sont encerclées par la meute, brutalisées et violées pour certaines. « Pendant que les plus vieux leur agrippent les seins – raconte un témoin –, les plus jeunes se jettent sous leurs robes, tâtant chaque centimètre carré de leur corps. Les femmes hurlent. La horde s'acharne. Les badauds regardent, ceux qui tentent d'intervenir prennent des coups[2]. » Cette fois, les autorités ne choisissent même plus de se taire, mais de sanctionner ceux qui ont rapporté ces faits. Le ministère de l'Intérieur, sommé par un parlementaire de s'expliquer, rétorque que l'absence de plaintes reçues par la police prouve que ces actes ne se sont jamais produits. De son côté, un hebdomadaire proche de la Présidence accuse ceux qui ont diffusé l'information d'avoir

----

1. Voile intégral couvrant entièrement le corps et le visage.
2. Source : http://www.malek-x.net (site en arabe).

entièrement fabriqué les événements, tirés de leurs « fantasmes de malade », et de porter atteinte à l'image du pays, délit passible de prison mais dont la définition est laissée à l'arbitraire du pouvoir.

Peut-on désigner les responsable de tels faits qui, rapprochés les uns des autres, finissent par faire figure de phénomène de société ? Dans le monde arabe d'aujourd'hui, l'atmosphère, les comportements, les discours, les prêches, ont tous pour point commun de désigner les femmes à la vindicte publique. Spoliatrices des hommes quand elles travaillent alors que le chômage est partout, impudiques quand elles s'avisent de porter un décolleté, débauchées quand elles assument leur liberté, aucun de leurs comportements ne trouve grâce aux yeux de la majorité si elles s'avisent de s'écarter de l'archétype idéal.

En septembre 2006, un prédicateur venu d'Égypte avait fait scandale en Australie en justifiant des cas de viol dans un sermon : « Si vous avez de la viande, et que vous la laissez dans la rue sans la couvrir, si les chats arrivent et la mangent, à qui la faute ? C'est la faute de la viande. » Et d'ajouter : « Si la femme était chez elle, dans sa chambre, derrière son *hijab*, il n'y aurait pas de problème. » Commentant, un mois plus tard, les événements d'octobre, un religieux du Caire lui faisait écho : « Si la chèvre se jette au milieu des loups et se fait dévorer, ce ne sont pas les loups qu'il faut blâmer, mais la bêtise de la chèvre[1]. » Il s'agit d'exemples extrêmes, mais – en termes moins obscènes – nombre de prédicateurs lancent du haut de leur chaire de semblables anathèmes.

Mises en condition par la misogynie bonhomme ou débridée qui s'étale à longueur de journaux et d'émissions télévisées, qui fait loi dans les prétoires, que les hommes politiques parviennent mal à masquer, et que les mosquées propagent comme parole sacrée, les franges les plus déstructurées des populations masculines s'en vont commettre sans état d'âme leurs expéditions « punitives ». Leur « vengeance » leur semble d'autant plus licite que leurs débordements sont mollement sanctionnés. On estime, certes, publiquement qu'ils exagèrent, sans pour autant interroger le contexte qui autorise leur délire. Pire, les pouvoirs, en général si prompts à réprimer la moindre parole contestataire, n'osent pas s'élever contre les propos qui

---

1. *Le Monde*, 19 janvier 2007.

libèrent cette violence, craignant, s'ils le fai-saient, d'accroître leur impopularité.

Principe de réalité

D'un autre côté, on ne compte plus les décla-rations lénifiantes de dirigeants des partis reli-gieux, jurant à qui veut les entendre qu'ils ne veulent en aucun cas enfermer de nouveau les femmes au foyer. Duplicité ? En partie certaine-ment. Il suffit, pour s'en convaincre, de compa-rer les discours islamistes à destination de l'Occi-dent à ceux qu'ils réservent à leurs propres ouailles. Faisant assaut de modération dans les premiers, ils n'hésitent pas à condamner dans les seconds tout écart par rapport à leurs normes. Vieille tactique, empruntée aux dirigeants natio-nalistes qui usèrent en leur temps jusqu'à la corde de la technique du double discours selon les interlocuteurs auxquels ils s'adressaient. Aux militants des gauches occidentales, qui furent leurs meilleurs alliés, ils assuraient qu'ils parta-geaient tous leurs principes. Ceux-là s'y laissè-rent prendre et mirent bien du temps à perdre leurs illusions. Mais ils soulevèrent les masses au nom de la défense de l'identité, dont les femmes étaient les gardiennes, ou de la religion, les deux étant d'ailleurs le plus souvent synonymes. Quand l'Algérien Abassi Madani, leader du Front islamique du salut, affirmait en français en 1990 : « Nous n'imposerons pas de force une conduite donnée. La musulmane qui ne porte pas le voile est une croyante, mais elle n'a pas pu harmoniser sa foi avec son comportement. Le problème est donc d'ordre éducatif[1]... », on pouvait craindre à juste titre que cette bonhomie affichée ne masque des intentions nettement moins iréniques.

Mais, pour une bonne partie des courants religieux, il ne s'agit pas seulement d'hypocrisie tactique. Les contradictions qui émaillent leurs discours, cette constante oscillation entre la tentation moderne et le repli sur soi reflètent celles de leur société. C'est pourquoi elle les entend.

On pourrait croire, à première vue, que les hommes des mouvances les plus réactionnaires réclament le retour des femmes à la maison. Bien que l'idéal de la femme cachée connaisse un vrai regain et que nombre d'entre eux le souhaitent, ils ne le peuvent pas car aucune économie, aucun

---

1. Interview donnée à l'hebdomadaire *Jeune Afrique*, n° 1543, 25 juillet-1ᵉʳ août 1990.

secteur public ne peut plus se passer d'elles. Elles forment presque partout les gros bataillons de l'enseignement, du secteur médical et des tranches inférieures de la fonction publique. Voilées ou pas, des centaines de milliers d'entre elles prennent chaque jour – de Rabat à Amman – le chemin de l'usine. Contrairement aux familles élargies économiquement autarciques de l'ancienne société rurale, la cellule conjugale urbaine ne peut plus vivre grâce au seul salaire masculin. C'est pourquoi, à l'exception d'étroites minorités se signalant par une obsession misogyne qui les rapproche des talibans afghans, l'écrasante majorité des populations séduites par le discours islamiste ne remettent pas en cause l'inscription des femmes dans la sphère économique publique. Pour parer aux dangers que représente à leurs yeux l'évolution des rapports de pouvoir entre les sexes, elles veulent restreindre leur autonomie en redonnant vigueur aux lois et aux symboles qui marqueraient ses frontières.

Les leaders islamistes ont compris quant à eux qu'ils seront abandonnés des femmes, c'est-à-dire de plus de la moitié de l'électorat dans chaque pays, s'ils s'opposent à leur désir de modernisation. Ce sont elles, par exemple, qui ont assuré la victoire du Hamas lors des élections de janvier 2006 en Palestine. Malgré son rigorisme et la fermeté avec laquelle il fait appliquer ses règles là où il est majoritaire, le parti islamiste a présenté des candidates à la députation, et six d'entre elles ont été élues sur ses listes. Les contours de l'espace public dévolu au sexe féminin font ainsi l'objet d'incessants compromis avec les nécessités du réel.

Les plus radicaux prônent un strict apartheid sexuel : écoles non mixtes, transports publics séparés, voile intégral couvrant non seulement la totalité du visage mais jusqu'aux mains qu'ils veulent voir gantées. À leurs yeux, ces précautions seraient seules à même de limiter le danger représenté par l'exposition publique des femmes. Idéalement, celles-ci devraient en effet avoir pour unique vocation d'être des « mères de musulmans ». Les modérés, ou ceux qui veulent se présenter comme tels, se contentent du *hijab*, qui présente l'avantage de cacher les plus voyants des atours féminins sans perturber d'aucune manière le fonctionnement économique ni l'espace public.

Les dirigeants de l'islam politique sont donc contraints de composer. Mais tous refusent que l'on touche aux fondements du droit musulman,

comme la polygamie, même si elle a pratiquement disparu dans les faits. L'édifice religieux
doit en effet demeurer intact pour garantir que
l'évolution peut être contrôlée.

L'illusion égalitaire

L'égalité dans la complémentarité, tel est en
fait l'axe central de la rhétorique des rapports
entre les sexes proposé aux femmes par les courants majoritaires de l'islam politique. Voilà une
preuve de plus qu'ils s'inscrivent dans le
moderne, tout en essayant de l'infléchir pour
l'adapter à leur projet global d'« islamiser la
modernité ». S'ils se réfèrent à un mythique
islam prophétique des origines censé avoir été
égalitaire, c'est pour mieux ignorer la tradition,
ou plutôt la condamner en proclamant qu'elle
seule a introduit dans les sociétés musulmanes
le virus de l'inégalité. C'est que le discours de
la sujétion brute ne peut plus être entendu.
Nulle part, de l'Atlantique au Golfe, les femmes
n'accepteraient aujourd'hui d'être taillables et
corvéables selon le bon vouloir de l'époux et de
n'être payées en retour que par de maigres com-
pensations symboliques confinées dans l'espace
du foyer.

On a donc assisté, au cours des vingt dernières années, à la construction progressive de tout un argumentaire de la complémentarité, dans lequel l'inévitable prise en compte de l'inscription des femmes dans le monde contemporain est tempérée par une relégitimation – sous un autre discours – de leurs rôles traditionnels. Un tel argumentaire reprend la vieille antienne du déterminisme biologique – c'est-à-dire de Dieu – qui assignerait à chaque sexe sa place dans l'ordre social.

Cette apparente synthèse entre le variable – l'adaptation à son époque – et l'invariant censé être biologique et dicté par le divin a pour avantage évident d'être capable de séduire une majorité de femmes peu sensibles à la thématique féministe de la libération, mais peu disposées à renoncer à leur présence dans l'espace public. Le discours islamiste ne leur interdit plus ce dernier. Le port du *hijab*, ce succédané des murs de la maison, est censé les protéger de ses influences pathogènes. L'exigence de séparation des sexes, canoniquement non négociable aux yeux des mouvances islamistes, comme des religieux orthodoxes, est ainsi sauvegardée tout en étant modernisée. Dans les faits, cette séparation peut d'ailleurs être malmenée par les exigences du réel. D'aucuns négocient avec elle : femmes et hommes travaillent côte à côte mais ne s'embrassent pas ou, pour les plus rigoristes, ne se serrent pas la main. Les mouvements les plus audacieux ont pour leur part coopté des femmes au sein de leurs instances dirigeantes, et les actions militantes sont menées dans une totale mixité.

Il en va de même des tâches traditionnelles. À la fois cause et conséquence d'une mixité si difficile à chasser du décor, la confusion de plus en plus grande des rôles sexuels apparaît comme une menace de plus pesant sur l'ordre social. Ici aussi, donc, on modernise le propos pour garder l'essentiel. Le travail des femmes ? Oui, bien sûr, à condition qu'il reste confiné aux secteurs « féminins » prolongeant dans l'espace public les travaux qui sont les leurs dans la sphère privée. La santé, l'éducation, l'administration du quotidien, voilà ce qui leur convient et ne compromet pas l'indispensable différenciation sociale entre les sexes.

La maternité fait l'objet de compromis analogues. Le paradis étant « sous le pied des mères », pour reprendre l'expression coranique, elle reste la tâche la plus noble des femmes, celle qui devrait théoriquement primer toutes les autres si les musulmans vivaient dans une société idéale. Ce n'est hélas pas le cas. On négocie donc avec le Livre pour y trouver la possibilité d'espacer les naissances, puisque les familles citadines ne peuvent plus se permettre d'avoir le même nombre d'enfants que leurs ancêtres rurales. Aujourd'hui, dans les milieux urbains, les femmes islamistes ont une fécondité proche des moyennes nationales, sans pour autant se sentir coupables d'enfreindre la loi divine.

Souplesse, toujours. Si ce n'est pas explicitement le maître mot, c'est le quotidien. Reste à savoir ce qui l'emportera, de la répétition du dogme ou de son adaptation.

Pour l'heure, la pirouette égalitaire qui sert d'argumentaire aux projets islamistes a une fonction de séduction qui a prouvé son efficacité. Mais la notion de complémentarité en annule la portée, puisqu'elle se traduit par le maintien de discriminations bien réelles. Les femmes méritent certes le plus grand « respect », elles sont égales aux hommes en dignité. Elles n'en demeurent pas moins le sexe faible, et ces derniers doivent bénéficier de solides privilèges juridiques pour pouvoir les « protéger ». L'inégalité en droit demeurant ainsi la règle, l'essentiel est sauvé. Les batailles menées ces dernières années dans les enceintes internationales par la quasi-totalité des États musulmans prouvent son caractère vital pour assurer la permanence de la prééminence masculine. À de rares exceptions près, les représentants de ces pays se sont systématiquement opposés à toutes les résolutions des Nations unies réaffirmant l'égalité des sexes, textes normatifs ou simples déclarations d'intention. Au terme d'égalité, ils ont voulu substituer celui d'équité en tentant de donner le change sur leur équivalence, la dimension morale du second étant censée être de même valeur que le contenu juridique du premier. Et c'est au nom de la prescription religieuse qu'ils ont tenté de légitimer cette imposture.

Preuve une fois de plus de la soumission de nombre de couches dirigeantes, inquiètes pour leur pouvoir, à l'hégémonie idéologique de l'islam politique, les États musulmans ont fait bloc derrière les plus islamistes d'entre eux dans toutes les instances où s'est discutée cette question, prenant plus d'une fois l'Iran pour chef de file. La répression que beaucoup mènent contre leurs islamistes locaux n'empêche pas leur révérence peureuse devant les diktats du discours dominant.

Les Arabes, les femmes, la liberté

Plus ou moins modernes sans être modernistes, les islamistes formuleraient-ils en l'exagérant le sentiment majoritaire voulant que la modernisation respecte les limites fixées par le sacré pour ne saper ni l'ordre établi ni les repères identitaires ?

L'équation n'est pas si simple, ce qui explique la profondeur des fractures séparant, sur cette question, les camps politiques opposés. Car, comme il y a un siècle, les Arabes ne peuvent envisager l'avenir sans poser la question de la modernité. Il y a un siècle, toutefois, on ne s'interrogeait pas sur l'origine de celle-ci. Elle venait d'ailleurs, et les libéraux ne manifestaient pas de honte à vouloir l'importer. Aujourd'hui, en revanche, le problème de l'origine – étrangère, autochtone ? – est au cœur même de la controverse. C'est sur leurs modèles respectifs que ses protagonistes s'invectivent.

La concurrence des modèles

Depuis que l'ensemble de la planète est entré dans l'orbite de l'Occident, toutes les régions soumises à son influence ont été confrontées à la question de savoir quoi faire de son modèle. Sa prétention à incarner l'universel contraignait-elle à l'importer sans le questionner, ou fallait-il le refuser au nom de la sauvegarde d'une authenticité saccagée par les entreprises coloniales ? Ne fallait-il pas plutôt puiser aux valeurs de cette dernière pour échapper au mimétisme et trouver ses propres voies d'accès au monde contemporain ?

Ce débat fait rage depuis plus d'un siècle dans les pays qui ont été colonisés. Certes, les termes dans lesquels il s'exprime changent d'une période à l'autre, mais l'enjeu reste le même, et les controverses aussi vives entre les tenants de chaque posture. Mais, entre l'adoption et le refus, on a vu partout, dans le Sud, s'élaborer des bricolages désireux de concilier les deux termes de l'alternative. Cette recherche mobilise depuis des lustres des régiments de théoriciens. Mais elle est surtout empirique, les populations concernées inventant tous les jours des compromis plus ou moins viables entre deux pôles que tout semble opposer.

Entre la démocratie libérale, reprenant à son compte les modèles de la vie politique occidentale et les principes sur lesquels ils s'appuient, et la renaissance d'un califat islamique gouverné par la seule Charia, s'inspirant d'un modèle théocratique qui n'a d'ailleurs jamais existé dans le monde arabe, il y a une multitude de tentatives de solutions intermédiaires. Modernisation démocratique ? Modernisation autoritaire ? Démocratie islamique ? Dictature islamiste ? Modernité endogène ? Syncrétisme politique et culturel permettant d'inventer de nouvelles façons de s'inscrire dans le présent ? Les Arabes d'aujourd'hui se voient offrir – en paroles, au moins – toutes les combinaisons possibles entre l'une ou l'autre de ces constructions.

Bourguiba fut, en son temps, le meilleur représentant d'une politique de modernisation autoritaire de la société tunisienne. Convaincu que son pays n'était pas « mûr » pour la démocratie et qu'il fallait d'abord le sortir de son « archaïsme », il en bouleversa la sociologie et les mœurs en faisant des femmes le principal outil de sa révolution. De l'Égypte à l'Algérie, d'autres régimes autoritaires ont tenté de mauvaises synthèses entre modernisation technique et conservatisme politique et social. On raconte que, lors d'une rencontre en 1965, Bourguiba et Nasser discutèrent des progrès de leurs pays respectifs. L'Égyptien aurait chaudement félicité le Tunisien pour sa réforme radicale de la condition féminine. « Faites la même chose », lui aurait lancé le pragmatique Bourguiba. « Je ne peux pas », aurait répondu celui qui fut l'idole du monde arabe. L'histoire ne dit pas pourquoi.

Les régimes les plus conservateurs ont, quant à eux, farouchement résisté à tous les changements. Les mouvements actuels se réclamant de l'islam politique disent pour leur part la chose et son contraire. Les plus modérés se proclament partisans déterminés de la démocratie quand ils sont confrontés aux exactions de régimes dictatoriaux. Ils sont beaucoup plus flous sur leurs intentions au cas où ils accéderaient au pouvoir. Leurs hésitations sur le statut qu'ils accorderaient aux femmes reflètent les pans obscurs de leur projet de société.

Qu'on ne s'y trompe pas cependant. Les mouvements qui ont fait de l'adhésion aux principes universels le pivot de leur action ne sont pas pour autant des copistes. Le voudraient-ils, d'ailleurs, qu'ils ne le pourraient pas sans risque de se déconnecter de leurs sociétés, surtout en cette période où l'Occident – trahissant les valeurs qu'il veut mondialiser – renoue avec les aventures impérialistes qui ont tout spécialement le monde arabe pour cible. Reconnaissant aux Lumières européennes leur part déterminante dans l'élaboration de l'universel moderne, ils veulent prouver que désormais il est chez lui partout, et que nul ne peut récuser les droits qu'il institue au nom de la spécificité de sa culture.

Leurs adversaires, pourtant, ne se font pas faute de les accuser du péché de mimétisme. S'attaquant au socle de la domination patriarcale qui structure toujours les sociétés arabes, les féministes, au premier chef, sont l'objet de leurs foudres. Car on retrouve logiquement chez les femmes ces divisions, ces conflits, ces essais de synthèse entre modèles contradictoires. Entre les féministes et les fondamentalistes pures et dures, on a vu naître, ces dernières années, toute une

gamme de mouvements féminins. Des conservatrices défendant l'essentiel des prescriptions religieuses tout en reconnaissant la nécessité de les
dépoussiérer, jusqu'aux « féministes islamiques », ce large éventail des positions montre que
les femmes sont partie prenante du débat.

Musulmanes et modernes ?

L'existence d'une importante composante
féminine à l'intérieur des mouvances islamistes
est une illustration de ces improbables compromis. Ces femmes protègent-elles seulement leur
présence dans l'espace public en déclarant leur
soumission aux nouvelles contraintes, ou esti-
ment-elles celles-ci justifiées ? Certaines d'entre
elles sont même des cadres de leurs mouvements
et n'hésitent pas parfois à se qualifier de féministes. Les écrits publiés sur elles, qui – est-ce
un hasard – sont le plus souvent le fait de femmes, tentent de percer l'énigme de leur adhésion
volontaire au totalitarisme des nouvelles normes. Cette adhésion s'explique d'abord par les
mêmes causes que celles qui ont jeté les hommes
dans les bras de l'islam politique : existence du
seul référent islamique dans l'offre idéologique
proposée aux Arabes, désertification du paysage

politique par des pouvoirs autoritaires qui ont fait des mosquées les seuls lieux d'expression de la contestation, contagion identitaire allant bien au-delà des mouvements religieux, il eût été surprenant que les femmes échappent à ce contexte et se situent hors de leur société. Comme les hommes, une partie d'entre elles ont donc choisi le projet politique de l'islam contemporain.

Elles ont, toutefois, contribué à lui faire accepter certaines évolutions qu'elles veulent irréversibles, l'obligeant à tenir pour acquis – au moins en partie – le changement en cours des pratiques sociales, même si la majorité des leaders masculins a tenté de freiner le mouvement. Les propos d'Aïcha Belhadjar, dirigeante en Algérie du Mouvement pour la société islamique (MSI), résument cette ambiguïté : « La société algérienne est musulmane et son évolution et son épanouissement ne peuvent se faire que dans le cadre de la Charia. Si nous sommes musulmans, nous ne pouvons ni rejeter ni même discuter ce que le Coran a prescrit. » Et si ces prescriptions sont incompatibles avec la vie moderne, il faut essayer de trouver « des astuces... C'est là que l'intelligence doit jouer[1] ».

1. *Elle*, février 1998.

La concurrence des modèles

Sur le plan du droit, les mouvements islamistes ont également été poussés aux concessions. Ainsi, pendant sa brève existence officielle à la fin des années 80, le parti tunisien Ennahdha avait assuré ne pas vouloir remettre en cause l'essentiel du Code du statut personnel. Ses dirigeants actuels saisissent chaque occasion pour répéter qu'ils n'ont nulle intention de toucher aux droits acquis par leurs concitoyennes. En 2004, les partis islamistes marocains se sont résignés à accepter la réforme de la Mudawana. Dans les deux cas, leurs dirigeants savent bien que les femmes, y compris dans leurs rangs, ne sont pas prêtes à accepter tous les retours en arrière.

Ces femmes contribuent aussi à faire la force de leurs mouvements. Car, contrairement aux mouvances laïques, elles savent mobiliser les masses féminines en leur parlant dans la langue qu'elles comprennent, celle du religieux. Dans des sociétés où l'adhésion à la laïcité est le plus souvent prise pour de l'athéisme, le discours de la modernisation conservatrice ne dépassant pas les limites de la prescription coranique et des interdits sociaux est bien mieux entendu que celui de la modernité. Elles ont en outre l'avantage d'être socialement plus proches de celles qu'elles veulent mobiliser, beaucoup d'entre elles connaissant le fonctionnement et les codes des cités populaires, contrairement aux femmes des « beaux quartiers » d'où viennent souvent les dirigeantes féministes. Ce combat à armes inégales contre leurs adversaires explique leur succès. Il ne faut donc pas s'étonner de leur nombre.

Mieux, en partie grâce à elles, mosquées et lieux d'enseignement religieux gravitant dans l'orbite de leurs mouvements sont devenus pour beaucoup de femmes les principaux – les seuls parfois – lieux de sociabilité populaires extérieurs à la famille et au travail. On s'y rencontre, on demande aide et conseil aux imams ou autres responsables de l'endroit, on parle de ses problèmes, ou on devise tout simplement.

Une jeune femme de ménage tunisoise portant strict *hijab* changea un jour d'employeur. Son nouvel emploi était situé dans un secteur de la ville éloigné du premier. Elle retournait pourtant régulièrement le vendredi à la mosquée de son ancien quartier. Quand on lui demanda pourquoi elle s'imposait ainsi un trajet aussi long, elle répondit : « On s'ennuie à la mosquée d'ici, l'ambiance est beaucoup plus sympathique dans l'autre. » Cent anecdotes de ce genre montrent l'importance sociale qu'ont prise ces lieux de culte. D'autant qu'ils font aussi office de centres sociaux, et même d'agences matrimoniales pour les célibataires en quête d'époux certifiés « bons musulmans ».

Ces stratégies de séduction, cette façon de se rendre indispensables permettent souvent – sans utiliser la contrainte directe – de culpabiliser les femmes qui hésitent encore à entrer en religion. Est-il si important de se maquiller ou de porter des jeans moulants, toutes choses *haram* dont on pourrait se passer sans gêne ? Est-il si difficile d'adopter le *hijab* quand on sait à quel point ce foulard plaît à Dieu ? Et puisque ce dernier ne condamne ni l'école, ni le travail extérieur, ni même l'espacement des naissances, n'a-t-on pas le devoir de se conformer à ses souhaits en respectant la pudeur qu'il exige ? Nombre de femmes cèdent à cette pression douce en se convainquant que leur conversion est le résultat logique d'une démarche personnelle.

Ce prosélytisme à multiples facettes a porté d'incontestables fruits : ayant su composer avec la vie réelle en lui abandonnant sa part non négociable, la plupart des partis islamistes recrutent chez les femmes aussi massivement que chez les hommes, malgré les limites qu'ils fixent à leur autonomie.

Les femmes islamistes reproduisent en fait les frontières définies par les idéologues masculins de leurs mouvements : oui à l'école et au travail, oui mais à l'évolution de la famille, non au bouleversement des rôles sexuels entre hommes et femmes. Tout en étant soucieuses de voir leur condition évoluer, elles reconnaissent ainsi, sous couvert de religion, l'hégémonie du masculin. Tout se passe comme si elles avaient conquis, à l'intérieur d'un système où la révérence à la norme est de nature totalitaire, un espace de liberté limité dans lequel elles ont tout loisir d'évoluer, mais sans jamais pouvoir en sortir.

Féminisme « islamique » contre ennemies féministes

Nombre de militantes des partis islamistes n'en assurent pas moins qu'elles sont des « féministes ». Et quelques-uns de leurs gourous n'hésitent plus à user de ce terme quand ils s'adressent à un public plus large que celui de leurs adeptes, pour prouver la sincérité de leur ralliement à la modernité. Cet emprunt à un lexique totalement étranger aux mouvances religieuses est-il une preuve supplémentaire de leur duplicité, d'une démagogie facile destinée à séduire au-delà de leurs rangs ? Ou une manifestation de plus de l'ambiguïté de leurs choix ? En fait, il ne faut voir dans l'adoption – d'ailleurs prudente – de ce terme nulle révolution de leur pensée. Car ces hommes et ces femmes tiennent toujours à préciser que leur féminisme n'a rien à voir avec celui des Occidentales, qu'il ne repose pas sur les mêmes valeurs et, surtout, que la question de la liberté du corps des femmes et de leur autonomie sexuelle lui est totalement étrangère.

Mais leur modèle est séduisant : elles enseignent, elles dirigent, elles font de la politique, prennent la parole en public et se montrent à la télévision. Que manque-t-il, en somme, à ces « nouvelles musulmanes », à ces femmes modernes, entreprenantes et dynamiques, qui n'ont pourtant rien renié de leur religion ? « Nous allons diriger des usines, nous allons diriger des fermes. Nous allons investir la société. Nous allons montrer au monde que le rôle des femmes en islam est mal connu [1] », affirmait dès son élec-

---

1. *International Herald Tribune* du 4 janvier 2006.

tion en janvier 2006 une députée du Hamas au Parlement palestinien.

Ce type de propos montre, par sa fréquence, qu'elles sont aux antipodes de toute tradition. Leur lutte acharnée contre les féministes de « l'autre camp », celles qui se disent laïques, se mène au nom d'une modernité concurrente et non d'un retour au passé. Femme nouvelle contre femme nouvelle, voilà la nature du fossé qui sépare aujourd'hui les deux modèles de société entre lesquels oscillent les femmes arabes.

Car, le plus souvent, les féministes se réclamant explicitement de la laïcité sont présentées dans les discours de leurs adversaires comme de nuisibles propagatrices de l'anti-modèle. Assimilée à une trahison de l'identité, leur hostilité à la prééminence du religieux les fait considérer comme la cinquième colonne de l'Occident honni. C'est donc un devoir de les combattre.

C'est, il est vrai, chez les minorités sociales et intellectuelles restées en relation avec l'extérieur que continuent de se recruter une bonne partie des partisans d'une modernité profane qu'ils savent conditionnée par l'expulsion du religieux de la sphère publique. Les majorités perçoivent de ce fait leur discours comme l'expression politique des franges les plus aisées de la population.

134

La concurrence des modèles

Or c'est de ces milieux que sont issues la majeure partie des animatrices des mouvements féministes. Les voilà donc traîtresses à double titre : du fait de leur classe sociale qui les éloigne du peuple, et de leur sympathie coupable à l'égard des valeurs de l'ennemi. Ainsi, au Maroc, Nadia Yassine, la fille du dirigeant islamiste le plus populaire du pays et la porte-parole de son mouvement, déclarait en 2000 : « Je suis la première à dire qu'il faut un nouveau statut de la femme. Mais il faut qu'il soit fondé sur notre culture... [les féministes] sont des femmes qui vivent à l'heure de Paris, de Washington mais pas de Rabat[1]. »

En 1992, déjà, les islamistes marocains rejetaient les militantes de l'égalité des sexes dans les ténèbres de l'apostasie. Cette année-là, l'Union de l'action féminine (UAF), une des associations féministes du pays, lançait une pétition pour la réforme du Code de la famille, qui recueillit un million de signatures. Les porte-voix des mouvements islamistes réagirent promptement au danger représenté par l'intrusion dans le royaume du virus égalitaire, forcé-

---

1. *Courrier international* n° 513, 31 août-6 septembre 2000.

135

ment étranger. Un de leurs dirigeants appela les Oulémas à condamner la pétition, et un éditorialiste de leur presse voulut convaincre ses lecteurs que sa signature était « une forme de participation à ce crime d'apostasie ». L'offensive se poursuivit par des prêches dans les mosquées, des interventions de militants dans les quartiers, et même une lettre au Premier ministre pour lui demander de prévenir la menace.

Il y a pire. Leur contestation des valeurs « islamiques », leur bataille contre le retour du voile, leur façon de se vêtir et de vivre, le soutien dont elles bénéficient souvent de la part des féministes européennes et américaines rejettent les féministes du côté du « matérialisme » censé caractériser la société occidentale et synonyme des pires turpitudes. Évoquant pour la revue *Jeune Afrique Plus* ses années d'études en Europe, le leader islamiste tunisien Rached Ghannouchi décrivait en 1990 ce matérialisme en ces termes : « Ce que je voyais dans les boîtes de nuit me choquait profondément. Je n'étais pas religieux, mais le spectacle de la sexualité déchaînée m'indignait. Aucun frein, aucune pudeur ! », et il stigmatisait pour finir la « débauche » et la « dépravation » des métropoles européennes.

La concurrence des modèles

Le sexe, une fois de plus. Ce ne sont ni la pauvreté, ni les ghettos de banlieue, ni les inégalités dont souffrent les enfants d'immigrés qui ont choqué le cheikh, mais le sexe. Cette obsession, fréquente chez les militants de l'islam, donne le plus souvent lieu à une imagination débridée produisant les plus hallucinants fantasmes. La relation de cause à effet est claire : la liberté des femmes conduit immanquablement au délitement de toutes les valeurs et à l'émergence de sociétés gouvernées par la débauche. Tout desserrement du carcan dans lequel il convient de les tenir annonce le triomphe de l'instinct sur la vertu. Le dérèglement des sociétés occidentales s'explique en effet, toujours selon le cheikh tunisien, « par la place respective des valeurs morales et des instincts naturels. En Occident, les instincts ont tendance à dominer au détriment de la morale. Alors que, dans une société musulmane, la morale régit, réglemente, éduque les instincts ».

Étrange inversion des fantasmes. Pendant des siècles, l'Orient fut synonyme pour les Européens d'une volupté que l'Église regardait comme l'arme du diable et que la menace du péché rendait inaccessible. On rêvait, en pays de chrétienté, des harems et des hammams, ces

137

lieux mythiques où les sens faisaient régner leur loi. Dans l'imaginaire de l'époque coloniale, c'étaient les Arabes qui étaient vulgairement gouvernés par l'instinct, et que l'on essayait avec peine de placer sous le règne de la raison.

D'une carte postale à l'autre, la luxure a donc changé de camp. Le rigorisme est désormais l'apanage du sud de la Méditerranée, pendant que le Nord se vautre dans la permissivité. Dans tous les cas, seule la place du sexe, donc la vertu des femmes, permet de mesurer la morale sociale. En enfreignant ses lois, les féministes se placent du côté de la débauche.

L'on ne se prive d'ailleurs pas, dans plusieurs pays, de les assimiler à des prostituées, l'insulte sexuelle étant le moyen le plus sûr de les disqualifier. En 2004, lassées d'être désignées à la vindicte publique pour la dépravation supposée de leurs mœurs, les féministes tunisiennes ont riposté en revendiquant le qualificatif vulgaire de « putes » dont quelques journaux les avaient affublées. Dans un tract diffusé par l'Association des femmes démocrates, elles déclarèrent que si le fait de revendiquer l'égalité faisait d'elles des « putes », elles assumaient de l'être. L'argumentaire de ces journaux très populaires, populistes et moralisateurs, dont les tirages sont les plus forts de la presse écrite, et qui servent fréquemment de courroies de transmission aux messages du pouvoir, ne manque pas d'intérêt : par leur comportement, leurs alliances et leurs discours, ces femmes qu'ils vitupèrent trahissent honteusement l'identité de leur peuple et ne méritent plus d'être considérées comme des « Arabo-musulmanes ». Leur désir de liberté doit se payer par l'exclusion de la communauté dont elles enfreignent les règles. Rached Ghannouchi, toujours lui, n'affirme-t-il pas en 2006, dans une interview à la chaîne de télévision qatarie Al Jazira, que l'islam est « l'essence même de l'identité des Tunisiens » ?

Chevaux de Troie de l'Occident, anti-musulmanes et dépravées, les féministes cumulent donc toutes les tares. Voilà le message que leurs adversaires propagent d'un bout à l'autre du monde arabe. Les conservateurs et les islamistes marocains en ont fait leur refrain lors de leur violente offensive de 1999 contre le « plan d'intégration de la femme au développement ». Ce document, rédigé par un ministre du gouvernement dirigé à l'époque par le parti socialiste, préconisait de procéder à une profonde réforme du Code de la famille. La réaction – une fois de plus – ne se fait pas attendre. Les deux principales composantes de la mouvance islamiste, l'association Adl Wal Ihsane (Justice et Bienfaisance) et le Parti de la justice et du développement (PJD), mobilisent aussitôt leurs troupes : meetings, pétitions, sabotages des réunions d'information sur le projet, porte-à-porte dans les quartiers populaires, tous les moyens sont mis en œuvre pour bloquer l'initiative. La référence, dans le plan, aux conventions de l'ONU et aux travaux de la Banque mondiale est utilisée pour dénoncer « la main » de l'Occident. Les femmes islamistes ne sont pas en reste. Leurs dirigeantes multiplient dans les médias les interventions contre les velléités réformatrices du gouvernement.

Le 12 mars 2000, une soixantaine d'associations féminines et de défense des droits humains organisent à Rabat une manifestation de soutien au plan à l'occasion de la « marche mondiale des femmes », qui rassemble près de cent mille personnes. Les modernistes crient au succès. Les « féministes islamiques » dénoncent « les impérialistes... dont l'objectif est d'éradiquer l'identité des peuples pour les domestiquer à travers une laïcité mondiale ». Et leurs partis organisent à Casablanca une contre-manifestation qui, rassemblant plus de deux cent mille personnes, est une démonstration de force. Ils y font défiler « leurs » femmes en grand nombre, pour bien montrer que les féministes ont une audience minoritaire au sein de la population féminine. Mais les rangs des manifestants ne sont pas mixtes : hommes et femmes occupent la rue en groupes séparés. Une fois de plus, le discours lénifiant des femmes et des leaders est démenti sur le terrain de la réalité.

Comme ailleurs, les islamistes marocains ont trouvé leurs alliés les plus sûrs chez les Oulémas, pour qui la mise en œuvre du plan gouvernemental aurait conduit à la fin de l'institution du mariage et à la désintégration de la famille, et aurait ouvert la voie à la propagation de la prostitution. Et, comme ailleurs, leur voix s'est fait entendre d'autant mieux que les autorités se sont réfugiées dans un assourdissant silence. Peu disposés à l'affrontement pour la défense des femmes, le Premier ministre et son gouvernement ont vite jeté aux oubliettes un projet qu'ils avaient eux-mêmes encouragé. Même à gauche de l'échiquier politique, on a jugé en somme que les femmes ne valaient pas qu'on se batte pour elles.

Les Arabes, les femmes, la liberté

À entendre les leaders qu'elles suivent, à constater leur rigidité sur le dogme, on peut donc s'interroger sur le caractère féministe de ce « féminisme islamique », comme ses promotrices le nomment pour mieux en souligner la spécificité, et de la volonté de réforme exprimée par celles qui s'en réclament, tant elles répugnent à récuser l'ensemble des dispositions qui inscrivent dans le marbre leur infériorité. Laissons encore une fois la parole à la Marocaine Nadia Yacine. Tout en prenant parti pour un changement de la condition des femmes dans les sociétés musulmanes, il s'agit, pour celle qui est devenue une des principales idéologues de cette mouvance, d'« accompagner nos sociétés sinistrées vers une nouvelle appréhension de leur identité musulmane. La section féminine [de son mouvement], [est] consciente qu'un accompagnement dans la conviction passe par le respect partiel de certaines normes traditionnelles[1] ». Jusqu'où doit aller ce respect ? Leur silence sur cette question est le continent noir des « féministes islamiques ».

---

1. « Les femmes dans le miroir méditerranéen », *Quaderns de la Méditerrània*, novembre 2006, Barcelone.

La concurrence des modèles

Cent fois sur le métier...

Minoritaires sûrement, décalées probablement, parfois inaudibles, quel rôle peuvent donc jouer les féministes arabes ? Étonnamment en apparence, ni la faiblesse de leur audience ni celle de leurs effectifs ne les empêchent d'avoir de l'influence sur les débats de société qui agitent leurs pays. Elles ont contraint plus d'une fois les pouvoirs ou les mouvements politiques et syndicaux censés appartenir au camp démocratique à aborder bon gré mal gré des thèmes qui les dérangent. Premières à batailler contre l'obsession du spécifique, elles continuent, malgré le basculement des opinions vers un islamo-nationalisme qui ne joue pas en leur faveur, à réclamer – au nom de principes qu'elles jugent universels – des changements concrets de la condition féminine.

Mais, entre réclusion identitaire et retour du religieux, elles sont contraintes aujourd'hui de se battre sur deux fronts, celui des revendications toujours mais, également, celui de la défense des « acquis », ces avancées importantes ou modestes qu'on leur a concédées ou qu'elles ont arrachées.

Vigilance d'abord. Peu disposées à croire les

discours lénifiants de leaders islamistes en qui elles voient plutôt des loups déguisés en grands-mères, elles ne font guère confiance non plus à des régimes prêts à tous les reculs pour sauver leur pouvoir. Tel prêche commande aux femmes de ne sortir que voilées dans un pays où le voile n'est pas obligatoire ? Elles soulignent l'illégalité de l'injonction et prient les autorités de faire respecter la loi. Tel gouvernement prend une mesure sexiste pour plaire à une opinion qu'il sait être sensible au discours islamiste ? Elles protestent contre ces arrangements dont elles sont les victimes. Elles ne gagnent pas toujours, loin de là, mais tentent, avec succès parfois, de rompre le silence qui entoure les démissions des opinions et des pouvoirs devant la vague montante du discours religieux.

Le combat pour les droits n'a pas pour autant disparu. Étonnamment encore, vu le contexte dans lequel elles agissent, elles ont remporté ces dernières années d'importantes victoires dans des pays réputés pour leur conservatisme.

Au Maroc, au début des années 90, les associations féministes donnent de la voix, à la faveur de la relative ouverture politique concédée par le trône, pour réclamer l'interdiction de la polygamie, la suppression de la tutelle matrimoniale, la mise en place du divorce judiciaire et l'égalité des droits entre époux. Après quinze ans de lutte, de mobilisation de l'opinion, d'affrontements avec les représentants de tous les conservatismes, de discussions avec le roi Hassan II puis, à partir de 1999, avec son successeur plus attentif à leurs aspirations, elles ont réussi à arracher en 2004 une réforme substantielle de la Mudawana. La nouvelle mouture de la loi abolit la tutelle matrimoniale, limite la possibilité d'être polygame, rend le divorce judiciaire obligatoire et supprime, entre autres, le devoir d'obéissance de l'épouse au mari. Tout en savourant leur victoire, elles ont malgré tout tempéré leur enthousiasme en soulignant que ces dispositions sont encore loin de l'égalité.

Mais, signe des temps, elles ont composé avec l'environnement en ne militant pas pour une réforme radicale. Faisant volontairement l'impasse sur l'égalité devant l'héritage, elles n'ont en fait réclamé que ce qu'il est socialement et politiquement possible d'obtenir dans le Maroc d'aujourd'hui. Est-ce peu ? Est-ce beaucoup ? Est-ce une étape ou une fin ? Comprenant pour leur part qu'ils ne pouvaient plus faire barrage à la réforme sans être en décalage avec leur société, les partis islamistes l'ont acceptée en estimant avoir sauvé les meubles.

Est-ce la même disposition des féministes au compromis qui a permis de récentes avancées dans quelques émirats du Golfe ? Il est vrai que, dans cette partie du monde, elles n'ont guère d'autre choix. Aucun mouvement de femmes ne s'aviserait d'y réclamer immédiatement l'égalité des droits. Mais chaque petite conquête entrou-vre la grille qu'elles tentent de forcer pour pou-voir s'en approcher.

Au Bahreïn, elles ont fini par devenir électrices et éligibles en 2002, et ont voté pour la première fois cette année-là. Mais cette conquête qui leur a enfin donné la majorité politique n'a pas assou-pli la rigueur de la séparation des sexes. Dans les bureaux de vote, hommes et femmes ont mis leurs bulletins chacun de son côté dans des urnes séparées, et tout avait été organisé pour qu'à aucun moment ils ne puissent se côtoyer.

Le Koweït s'est montré plus lent, et les fem-mes n'y ont obtenu le droit de vote qu'en 2005, après une longue lutte où elles ont affronté les foudres des islamistes et des conservateurs locaux.

Aucune des deux principautés n'a en outre étendu cette modeste ouverture au domaine du droit, qui demeure totalement verrouillé au nom des prescriptions de la Charia.

Osera-t-on parler de l'Arabie saoudite ? Oui, puisqu'il y existe un modeste mouvement féministe qui, certes, n'a pas la témérité suicidaire de s'affirmer comme tel, mais qui a osé mener quelques actions spectaculaires afin d'attirer sur les femmes l'attention des Saoudiens les moins maladivement conservateurs. C'est peu dire que leur lutte ne donne pour l'instant que des résultats médiocres. Malgré des années de combat, elles ont uniquement obtenu, en 2005, de disposer de leurs propres papiers d'identité, alors qu'elles n'étaient inscrites jusque-là que sur les documents de leur père ou de leur époux. Petite victoire, ont reconnu leurs porte-parole, mais victoire quand même, qui en annonce peut-être d'autres. Voilà ce qu'elles veulent croire, en estimant que leur société ne peut plus se réfugier dans l'immobilisme, à moins de vouloir en mourir.

Cet activisme, toutefois, ne débouche pas partout sur des conquêtes. En Algérie, le pouvoir reste sourd à toutes les demandes de réforme d'un Code de la famille que, depuis son adoption en 1984, les féministes nomment « code de l'infâmie ». Les revendications de ces dernières sont ici partagées par la majorité de la population féminine qui souffre quotidiennement des dispositions de la loi, devenue la pire du Maghreb depuis la réforme marocaine.

En 2004, l'opération « Vingt ans *barakat* » (vingt ans ça suffit), largement relayée par des Algériennes de France, a rappelé à l'opinion l'iniquité du Code. Mais les milieux conservateurs, les mouvances islamistes et les théologiens accrochés à leurs dogmes sont vite montés au créneau. Leurs tribuns ont partout proclamé haut et fort que si l'on y touchait, c'est tout l'équilibre social qu'on mettrait en péril. Certains sont même allés jusqu'à brandir l'éventualité d'une guerre civile au cas où l'État irait au bout de ses velléités réformatrices. Il s'en est abstenu. Malgré quelques promesses judicieusement médiatisées, le président et le Parlement algériens n'ont accouché, en 2005, que d'une réforme cosmétique aménageant à la marge quelques dispositions parmi les plus révoltantes d'une législation qu'ils entendent bien maintenir en l'état.

Pourtant, ici aussi, les féministes avaient réduit le champ de leurs revendications. Beaucoup d'entre elles ont en effet abandonné le mot d'ordre d'abrogation pure et simple du Code qui était le leur à la fin des années 80, pour ne plus réclamer que la suppression de ses dispositions les plus injustes.

En Tunisie, l'audace est plus grande, ce qui s'explique dans ce pays où les femmes n'ont plus besoin de lutter pour obtenir les droits élémentaires. C'est donc sur l'héritage que les féministes font porter le débat, contraignant de ce fait tout le spectre politique à prendre position sur la question brûlante de l'égalité « jusqu'où ». Plusieurs formations se réclamant de la gauche ont refusé de sauter le pas en transgressant la prescription religieuse. Les intellectuels islamistes qui se veulent éclairés ont argué pour leur part de la clarté sur ce point du texte coranique. Et les « féministes islamistes » n'ont pas répondu à l'invitation de l'autre camp à venir discuter du sujet avec elles.

Dans ce pays qui s'enorgueillit volontiers de son « exception » en matière de condition féminine, les féministes ont mis au jour les limites d'une telle exception, et fait apparaître l'ampleur du consensus autour de ces limites. En s'attaquant aux dernières citadelles de la norme, elles ont pu faire l'inventaire de ses défenseurs, et des leurs. C'est peu dire que la balance continue de pencher du côté des premiers.

Les Arabes, les femmes, la liberté

Autant de réalités, autant de stratégies pour vaincre les résistances. Elles se réclament clairement de l'universel, refusent de se laisser enfermer dans ces prisons identitaires que les Arabes s'épuisent à construire, récusent la dictature du groupe à laquelle elles ne veulent plus se soumettre. Elles n'en sont pas moins réalistes, ces féministes dont beaucoup se résignent aujourd'hui à n'avancer qu'à petits pas, réalistes aussi celles qui ne répugnent plus à discuter avec les femmes d'en face. Coupées de leurs sociétés ? À défaut de pouvoir les changer comme elles le voudraient, elles sont en tout cas pour l'instant les seules à faire bouger les lignes. En les poussant dans leurs retranchements, elles jettent la lumière sur toutes les duplicités, toutes les ambiguïtés des protagonistes du débat. La violence des batailles qui se déchaînent chaque fois qu'elles portent ce dernier sur la place publique met au jour une fois de plus l'importance de l'enjeu sur le rôle du féminin.

C'est là ce qui fait à la fois leur audace et leur étrangeté, dans une région du monde où tout ce qui vient d'elles est désormais perçu comme l'instrument du diable, ce Satan qu'est redevenu l'Occident.

150

Le silence des corps

Mais il manque à tout cela quelque chose. Elles bataillent pour le droit, contre le voile, contre les régressions qui semblent les menacer. Elles dénoncent publiquement les violences misogynes, du tabassage « normal » des épouses indociles jusqu'aux crimes d'honneur, cela dépend des lieux. Mais le sexe reste tabou. Silence sur le corps. Non que les femmes n'en parlent pas d'un bout à l'autre de l'échelle sociale, mais seulement dans l'intimité des maisons. Là, entre femmes, on peut se raconter ses expériences, ses aventures, se plaindre de sa frigidité ou comparer les performances des mâles respectifs. Est-ce révérence inconsciente aux obsessions des hommes ? Dans le secret des conversations féminines, la sexualité reste le plus souvent un sujet graveleux. Comme par l'effet d'un compromis non formulé avec leurs sociétés, les féministes l'abandonnent pour l'instant à l'espace privé.

Pourtant, le corps des femmes est un enjeu public dans les sociétés d'hommes. Ils doivent montrer qu'il est à eux. C'est en public que leur honneur se lave ou se confirme, c'est au public de vérifier au lendemain des noces que le drap est bien ensanglanté. Coutume d'hier ? Pas tout à fait. Elle a certes partout reculé, n'existe plus dans les pays les plus modernisés, n'est plus concevable dans les villes où vivent aujourd'hui la majorité des Arabes. Car on y est moderne. Mais, la veille des noces, bien des mères emmènent leur fille chez le médecin. La réputation de la famille vaut bien qu'on le paye pour un certificat de virginité. Dans des pays comme ceux du Maghreb où les citadines ne se marient plus, en moyenne, avant la trentaine, personne ne dit mot de la sexualité hors mariage. Or plus du tiers des Tunisiennes de trente à trente-quatre ans et une femme de vingt-cinq à vingt-neuf ans sur deux sont célibataires [1]. Officiellement, elles n'ont aucune vie sexuelle.

Certes, les jeunes font l'amour derrière les buissons des jardins publics, couchés dans les voitures au bout d'un chemin désert, vite, en silence, en cachette. Mais la plupart des hommes veulent des vierges pour épouses. Les filles le savent, qui vont faire recoudre leur hymen chez les spécialistes. Cette industrie a toujours existé,

---

1. Office national de la famille et de la population, décembre 2006.

elle est plus que jamais florissante. Les hommes le savent, pour beaucoup, mais font comme si. L'honneur est sauf. Le corps des femmes leur appartient.

Il est la propriété de la société tout entière. Dans les pays où les filles ont commencé à conquérir la rue et la liberté, les autorités se chargent à l'occasion de le rappeler. À Tunis, à Alger, elles ont plusieurs fois mené ces dernières années des chasses aux couples non mariés. Deux jeunes s'enlacent au coin d'une rue ? Un gendarme zélé exige de voir leur carte d'identité pour vérifier la licéité du baiser. Une voiture est arrêtée à une place suspecte ? Son collègue met le nez à la vitre pour voir ce qu'il en est. La messe est dite et le Coran respecté : le sexe n'existe pas hors du mariage. C'est ce que veulent signifier les escouades de policiers régulièrement chargées de pourchasser les garçons qui séduisent et les filles qui les suivent.

La dernière campagne de ce genre menée en 2004 en Tunisie sous l'appellation « Sauvegarde des bonnes mœurs » a, malgré tout, provoqué l'ire des associations de femmes et les protestations de la Ligue de défense des droits de l'homme. C'en était trop. Au bout de quelques semaines, le pouvoir fit prudemment marche arrière, et le sexe clandestin reprit possession des terrains vagues au crépuscule. Mais c'est l'atteinte aux libertés qu'ont critiquée ici les féministes et leurs alliés, non la question centrale de la sexualité.

Dans ces pays où l'obsession du sexe est la cause et le symptôme des plus graves névroses, où les femmes libres sont traitées de libertines, le tabou est si fort qu'il semble intransgressible, même par les féministes. Hormis quelques marges libérales, les sociétés arabes ne sont pas prêtes à céder sur le contrôle de la sexualité féminine, et le font savoir en usant de tous les registres de la violence. Même intériorisée, la contrainte du silence en est une. Elle est pour l'instant respectée. Seuls des artistes parfois, femmes en général, osent le rompre. Mais elles risquent l'opprobre. Quelques films tunisiens ont ainsi été violemment attaqués ces dernières années par la presse populaire et de zélés fonctionnaires de Dieu. L'un avait laissé entrevoir une furtive scène d'amour. Le second a pour héroïne une femme rendue malade par ses frustrations sexuelles.

Face au Nord, dont les hommes ont commis la folie de rendre aux femmes leur corps, même de mauvais gré, ceux du Sud ne sont pas prêts à lâcher ce qu'ils considèrent encore comme leur propriété.

Les vents contraires venus du Nord

Beaucoup d'Arabes vivent pourtant dans les patries de l'anti-modèle, et gardent des liens forts avec les rives d'où ils viennent, ou d'où viennent leurs parents. On pourrait croire qu'ils y agissent comme des porteurs de cette modernité qui régit valeurs et modes de vie de leurs pays d'adoption. La réalité n'a pas grand-chose à voir avec cette idée simple. L'influence des musulmans du Nord sur leurs sociétés d'origine est loin d'être univoque. Elle opère au contraire dans des sens opposés.

D'un côté, une partie des Arabes installés en Europe compensent leur exil le plus souvent volontaire par un surcroît de conservatisme, en se conformant plus ou moins fidèlement aux codes claniques ou religieux de leurs sociétés d'origine. C'est à ce prix, croient-ils, qu'ils sauveront une identité – toujours elle – menacée par l'environnement culturel au sein duquel ils se meuvent désormais. Et les femmes, toujours elles, se voient imposer pour mission d'en être les gardiennes. Sorties étroitement surveillées, mariages forcés, interdiction d'épouser des non-musulmans, la chronique des faits divers dans les pays européens est émaillée d'histoires cocasses parfois, souvent sinistres, de filles d'immigrés sacrifiées à la loi de leur groupe.

On sait aussi que les mouvements fondamentalistes, politiques ou simplement piétistes, implantés dans les pays occidentaux, y ont conquis une part non négligeable des populations musulmanes. Comme dans les pays d'origine, ils recrutent largement chez les femmes. La question du voile a fait assez de vagues pour que nul ne l'ignore. Comme dans les pays d'origine encore, les femmes islamistes sont loin d'appartenir aux seules couches les plus pauvres. Souvent diplômées de l'enseignement supérieur, évoluant avec aisance dans l'espace public et désireuses d'y tenir leur place, elles ne se conforment pas moins aux normes de ce qu'elles appellent le « vrai » islam. Ce faisant, elles revendiquent d'être des musulmanes modernes, se défendant d'être en conflit avec les valeurs des pays où elles sont nées et dont elles ont la nationalité. Porté par « conviction personnelle », parce qu'elles veulent se conformer aux principes de leur foi et non, soulignent-elles, à des codes sociaux, le *hijab* n'aurait rien à voir avec de l'archaïsme et rien non plus d'un signe de soumission. Les discriminations dont elles sont les victimes leur paraissent donc injustifiées.

D'un autre côté, nombre d'Arabes d'Europe se sont éloignés de leur groupe et de ses lois. Sujets devenus autonomes et non plus membres d'une communauté, ils ne se soucient plus d'en respecter les règles et revendiquent une liberté qui se traduit en général par une façon de vivre sécularisée. Sans oublier ses origines, cette population souhaite se fondre dans sa société d'accueil – à condition que celle-ci l'accepte. Preuve de la rupture avec le clan, les mariages de femmes avec des « étrangers » non musulmans sont loin d'y être rares.

Les uns et les autres, et leurs enfants, rentrent plus ou moins régulièrement passer des vacances au pays. Quels modèles y apportent-ils ou quelles combinaisons sortent-elles de la pluralité de leurs appartenances ? Au Maghreb, dont sont originaires l'immense majorité des Arabes européens, les « autochtones » portent sur eux des regards contrastés. Les uns affirment que, sur les plages, les femmes voilées ou les jeunes filles portant pudiquement bermuda et tee-shirt à la place du maillot « viennent toutes de France ». « Ce sont elles, ajoutent les plus laïques avec hostilité, qui ont inculqué aux nôtres le virus du *hijab*. » Comble du paradoxe, ce « voile moderne » ne viendrait plus seulement d'Orient, mais serait également importé d'Occident où des gouvernements irresponsables le laisseraient prospérer. Dans une autre bourgade, de respectables matrones sont outrées devant le spectacle de deux adolescents qui s'embrassent sans se soucier de l'entourage. « Ils viennent de France », c'est sûr, de ce pays où les leurs ont perdu toute pudeur.

C'est cette réalité à double face, ce Janus culturel, que les immigrés-émigrés exportent vers des rives où ils ne sont plus vraiment chez eux.

Aspirant à une égalité libérée du carcan religieux ou productrices de la même modernité conservatrice qui s'élabore au sein du monde arabe, les femmes qui en sont issues tout en vivant ailleurs sont donc, elles aussi, porteuses de modèles contradictoires entre lesquels les sociétés arabes ont tant de mal à choisir.

Pour celles, de plus en plus nombreuses, qui s'y veulent modernes et musulmanes quand même, ou musulmanes d'abord mais néanmoins modernes, les cousines européennes proches de l'islamisme sont un exemple béni. Face à ceux qui les stigmatisent, elles peuvent en effet proclamer que leur modèle ne vient plus d'un Orient rétrograde mais du cœur même de la modernité.

Gender Jihad *à Barcelone*

Réunies pour la première fois en 2005 dans la capitale catalane, ses combattantes y ont proclamé « la lutte contre la lecture chauviniste mâle, homophobe et sexiste des textes sacrés de l'islam ». Elles déclarent vouloir mener, au sein de leur religion, une révolution culturelle, une sorte de guerre sainte pour l'égalité des sexes. Elles se veulent dix fois féministes plutôt qu'une, déclarant que « le féminisme islamique fait partie intégrante du mouvement féministe mondial » et n'hésitant pas à reconnaître leur « immense dette morale » à l'égard des féministes occidentales. Avant elles, on n'avait jamais entendu de tels propos chez des femmes se réclamant explicitement de leur appartenance à l'islam. Ils rompent singulièrement avec ceux des intellectuelles des mouvances islamistes qui se veulent éclairées.

Est-ce parce qu'elles ne viennent pas du monde arabe lui-même qu'elles peuvent se permettre ces audaces et prendre des libertés plus grandes avec le dogme ? Le fait qu'elles soient européennes n'explique pas tout puisqu'on trouve de tout en Europe et que le *nikab*, ce voile intégral qui rend les femmes totalement invisibles, y fait aujourd'hui des ravages.

Elles se réclament en tout cas d'un discours de rupture et non de simple adaptation aux exigences du siècle. Sont-elles alors la « divine surprise », l'expression de ce mariage attendu par une large partie des Arabes entre deux modèles dont l'un déplaît, l'occidental, et l'autre fait peur, le fondamentaliste ? Un féminisme du troisième type, en somme, entre celles qui se servent du terme tout en trahissant son contenu et celles qui refusent toute référence au religieux ? Quel modèle, une fois de plus ? Ni l'un ni l'autre ? Entre les deux ? La question reste ouverte. Convaincues d'être porteuses d'un message nouveau, les militantes du *Gender Jihad* ne sont pas entrées dans le détail de leurs revendications. Seront-elles capables d'aller au-delà d'une synthèse artificielle entre les deux appartenances dont elles se réclament ? La jeune armée de ce Djihad au féminin semble encore hésiter entre s'arrêter aux portes des assignations indiscutables, celles qui sont consignées dans le texte même, ou les franchir pour parvenir à une libération qu'elles disent vouloir complète. La limite

160

ultime à leur projet d'égalité des sexes pourrait être, une fois de plus, la loi du Livre qu'elles voient pourtant comme émancipateur.

S'il prend des formes différentes selon les pays, s'il est plus ou moins violent selon le contexte politique et l'état du rapport des forces entre les mouvances qui portent l'un et l'autre projet, l'affrontement a partout le même contenu. Il mobilise d'un côté les partisans d'une nouvelle distribution des rapports entre les sexes, que chacun s'accorde dans ce camp à lier à la sécularisation du champ politique et de la société. Les divergences entre les modernistes tournent autour de la question de savoir si l'expulsion du religieux de la sphère publique est un préalable à la sécularisation, ou si l'on peut l'atteindre plus facilement par une interprétation de l'islam compatible avec les exigences de la modernité. Au triptyque modernité-égalité-sécularisation répond, dans le camp adverse, le binôme islam-identité.

Quel sera, entre les deux, le sort du nouvel objet modernité-égalité-islam-identité ? OVNI politique éphémère, préfiguration d'un futur encore flou ? Il dit en tout cas aujourd'hui l'ampleur de la déchirure arabe sur l'avenir de ses femmes.

Conclure

Monde musulman contre Occident, spécificité contre universalité, sécularisation contre religion, appartenance, identité, pluralité, les femmes hantent tous les débats autour de ces couples d'opposés qui gouvernent la pensée, mais aussi l'émotion des Arabes. Elles sont l'incarnation de la tension entre ces tentations contradictoires qui scandent leur chronologie depuis désormais plus d'un siècle.

La façon dont le monde arabe aborde la « question » des femmes est ainsi un révélateur, au sens presque chimique du terme, de tous les séismes qui le secouent aujourd'hui. Les interrogations autour de leur condition, de leur statut, de leur place et de leur importance dans la cité, du contrôle de leur corps et des signes qu'il doit porter, englobent toutes les autres.

Aujourd'hui, l'identité semble triompher

puisque c'est autour d'elle que cette partie du monde veut de nouveau se structurer, et c'est à elle que les femmes devraient sacrifier leur liberté. Mais en quoi consiste vraiment cette « personnalité arabo-musulmane » qu'on veut substituer à la palette des situations réelles que vivent les sociétés, et aux subtilités de leurs héritages multiples ? Sanctifiée comme une relique tout en étant sans cesse reconstruite au gré des idéologies qui s'en disputent le monopole, l'identité devient une transcendance au-delà de l'histoire, un fragment d'éternité, un gage d'unité. Elle est le seul remède possible aux maux de notre temps.

Cette recherche éperdue d'une permanence identitaire s'appuie sur une autre illusion, celle d'une culture « pure », qu'il faudrait protéger de toutes les souillures qui pourraient l'altérer. Or les mythes ont la vie dure et les femmes, c'est connu, sont impures. On n'emploie certes plus ce terme, devenu trop archaïque pour la langue du moderne. Mais les fantasmes qui lui sont attachés nourrissent encore les peurs et les refus. Elles peuvent être les vecteurs des plus graves dangers. Symboles d'identités fragilisées, catalyseurs de toutes les frustrations, elles doivent rester figées dans l'immobilité, pour garantir l'éternité.

Mais, comme leurs sociétés, elles sont aujourd'hui dans le mouvement. Jouant de stratégies multiples, des luttes aux compromis, elles façonnent le présent en ébranlant – volontairement ou non – la dictature du masculin. Apparemment soumises à ce dernier ou le refusant publiquement, elles modifient de toute façon les règles du jeu et contraignent tout le monde à questionner les certitudes, à entrouvrir les citadelles.

En provoquant de telles secousses, les femmes peuvent-elles être les opératrices de cette modernité arabe qui n'en finit pas de se chercher ? Leurs trajectoires – plus complexes qu'on ne le croit en Occident – aident-elles à lire un monde aujourd'hui peu lisible du fait des traumatismes qu'il vit… et de ceux qu'il s'invente ? La violence des batailles qui se livrent autour d'elles et la violence qu'elles subissent sont-elles le dernier sursaut de sociétés d'hommes terrorisés par l'effritement de leur pouvoir, le dernier combat qu'ils mènent contre l'inéluctable ? Ou s'agit-il d'une reconquête ? Les tentatives qui se multiplient pour arrêter les évolutions que les femmes connaissent depuis un demi-siècle, et celles qui ont pour but de remettre en cause la totalité de leurs « acquis » sont-elles en passe d'aboutir et de différer encore l'avènement de sociétés renonçant au suicide des retours en arrière ?

Les jeux ne sont pas faits. Comme il y a un siècle, de l'Atlantique au Golfe, les femmes sont un enjeu de la bataille, mais plus qu'il y a un siècle, ses protagonistes aussi, avec les mêmes incertitudes sur son issue. Car l'expérience arabe contemporaine montre que l'envie du moderne n'est pas un gage d'accès à la modernité. Rien, hormis le décor, n'aurait-il donc changé ? On sait qu'il n'y a pas de sens de l'histoire, et le spectacle contemporain du naufrage du progrès montre que le monde peut changer sans avancer. Et pourtant l'histoire, leur histoire, ne s'est pas arrêtée.

Vers l'Orient compliqué…

Table

169

Les Arabes, les femmes, la liberté

DU MÊME AUTEUR

L'ARME ALIMENTAIRE, Maspero 1979, réédité en 1983 et 1985, La Découverte.

LA DERNIÈRE FRONTIÈRE, LES TIERS MONDES ET LA TENTATION DE L'OCCIDENT, JC. Lattès, 1983.

HABIB BOURGUIBA, biographie en deux volumes avec S. Belhassen, Éd. Jeune Afrique, 1988.

LA FAIM DANS LE MONDE, La Découverte, 1991.

FEMMES DU MAGHREB, L'ENJEU, avec S. Belhassen, JC. Lattès, 1992.

LES ENFANTS DU SAHEL, L'Harmattan, 1992.

FEMMES DE MÉDITERRANÉE, (direction), Karthala, 1995.

L'OCCIDENT ET LES AUTRES, HISTOIRE D'UNE SUPRÉMATIE, La Découverte, 2001.

Composition IGS
Impression Bussière, septembre 2007
Éditions Albin Michel
22, rue Huyghens, 75014 Paris
www.albin-michel.fr

ISBN : 978-2-226-18051-3
N° d'édition : 25335. – N° d'impression : 072829/1.
Dépôt légal : octobre 2007.
Imprimé en France.